GLOBE-TROTTEUR –

Méridien, le cheval voyageur

Claire Wilby

www.meridientravelstheworld.co.uk

Récit inspiré des voyages d'un vrai cheval.
C'est l'histoire d'un cheval voyageur, un globe-trotteur.

Le terme anglais « globetrotter » est un jeu de mots. Traduit mot à mot, il veut dire :
« globe » = monde, planète
« trotter » = personne (ou cheval) qui trotte

Dans cette histoire, le globe-trotteur est un cheval qui trotte (ou galope) autour du monde.

Il t'emmène en voyage et te fait découvrir des pays étrangers à travers ses aventures. Tu vas explorer les lieux qu'il visite et rencontrer les personnes avec qui il crée des liens d'amitié sur son chemin.
Alors monte sur la selle et prépare-toi à une chevauchée autour du monde.

À
Florence

Contenu

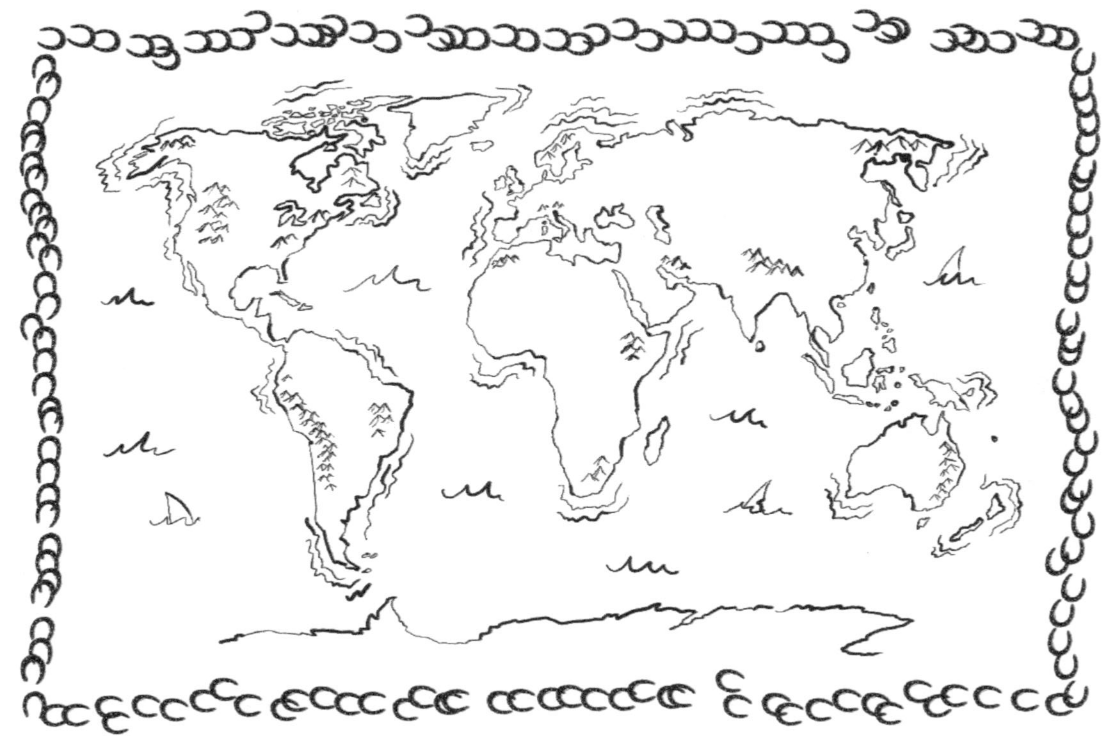

Des premiers pas hésitants

France

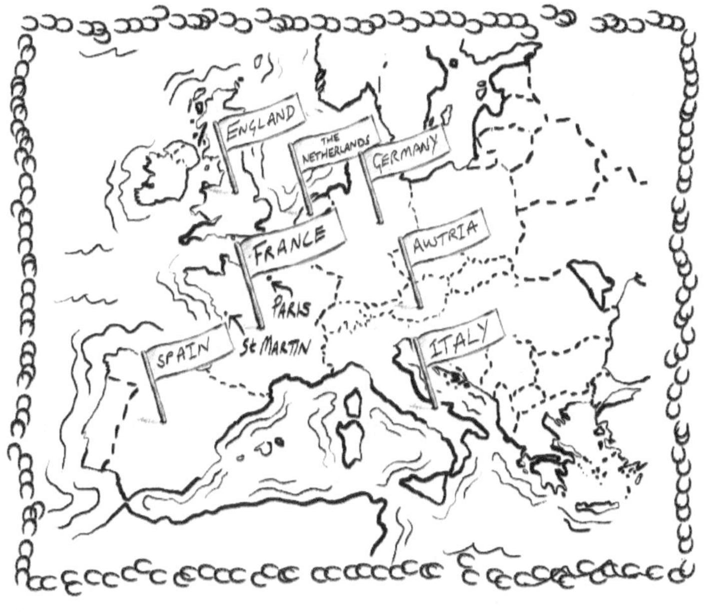

Bonjour !

L'aventure commence en France par une belle matinée de printemps.

Nous sommes le lendemain du 1er avril. C'est dans un paddock verdoyant de Saint-Martin, petit village du bord de Loire, qu'une belle jument donne naissance à un magnifique poulain tout en jambes : sa robe alezane scintille déjà de subtils reflets dorés.

Dès la naissance, les chevaux savent se servir de leurs jambes grâce à leur instinct hors du commun. Quelques minutes auront donc suffi à Monsieur Méridien de Saint-Martin pour qu'il fasse ses premiers pas, certes maladroits, mais annonciateurs d'une aventure épique.

Répondant au nom de Méridien, il se distingue par une large liste sur la tête et trois chaussettes blanches. Le poulain un peu gauche a ensuite grandi pour devenir un bel étalon de plus de 1,70 mètres au garrot. Méridien est un très grand cheval.

Ses débuts en France sont comparables à ceux de Black Beauty en Angleterre plusieurs années auparavant : il mène une vie paisible et heureuse. Il joue et galope en toute liberté avec ses compagnons de pâture. Puis l'heure arrive pour lui de devenir un cheval de saut d'obstacles et de laisser derrière lui l'insouciance des premières années de sa vie. Il se destine à une carrière de champion international.

Le premier voyage de Méridien s'annonce pour le moins exotique. À l'âge de six ans, passeport autour du cou, on l'envoie à Paris à bord d'un camion. Mais la capitale n'est qu'une étape dans son aventure. Une fois à Paris, Méridien embarque à bord d'un avion et ce vol est alors le premier d'une longue série. Il quitte le climat tempéré de l'Europe direction le Qatar, pays chaud et désertique.

Découverte du sable – et de Charlie

Qatar

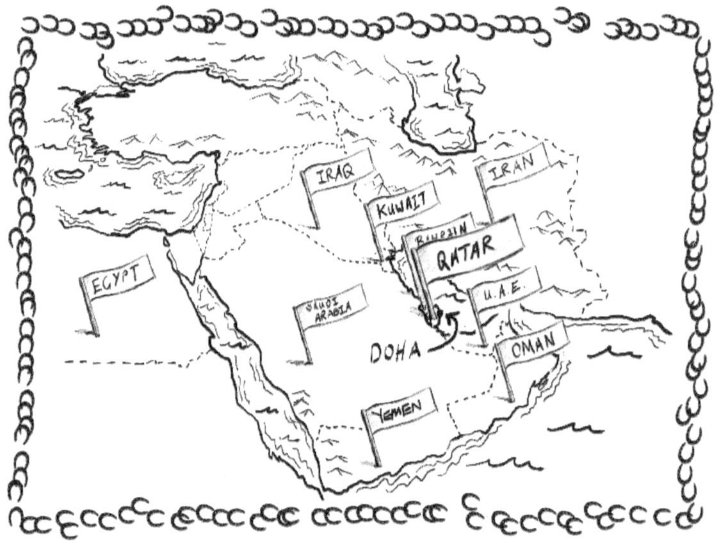

As-salamu alaykum !
(« Que la paix soit sur vous » en arabe)

Méridien est habitué aux prés verts et luxuriants. Quelle surprise en découvrant le désert et ses paysages de sable ! À son arrivée à Doha, capitale du Qatar, la seule verdure est la couleur des feuilles de palmiers qui parsèment le pays. Il ne se doute pas encore de l'importance que ces palmiers auront plus tard dans sa vie.

Sa nouvelle maison ressemble à un palais. Rien à voir avec le château de Versailles, que Méridien avait croisé sur la route de l'aéroport en France... C'est un palais arabe luxueux et flamboyant, orné de dômes, d'arches et de tourelles.

Il arrive au Qatar en plein été et il fait très très chaud à Doha – si chaud qu'on peut faire cuire un œuf au plat sur le trottoir ! La chaleur est bien plus intense que les journées d'été les plus chaudes de son village natal. Son écurie est climatisée, un vrai luxe ! Même les manèges qui servent à monter les chevaux sont équipés de ventilateurs géants pour rafraîchir l'air chaud du désert.

Méridien a fait le voyage depuis Paris avec deux grands chevaux de course appelés Domino et Dynamite. Mais ils n'habitent pas au même endroit à Doha. Domino et Dynamite sont allés vers une écurie réservée aux chevaux de course dont le propriétaire n'est autre que « l'émir », le roi du Qatar.

Pour la première fois, Méridien s'est retrouvé

seul et loin de chez lui. Malgré sa solitude et la distance qui le sépare de la seule maison qu'il a connue, il se fait rapidement plusieurs camarades dans sa nouvelle écurie.

Il découvre un monde bien différent de tout ce qu'il a connu jusque-là. Plus question de jouer et de galoper dans l'herbe des pâtures. On le sort de l'écurie tôt le matin pour qu'il puisse s'entraîner avant le lever du soleil. Plus tard, il fait déjà trop chaud pour lui, car il est habitué à un climat beaucoup plus froid. Il s'entraîne sans relâche au saut d'obstacles pour se mettre en condition physique et se préparer aux concours. Le reste du temps, il mange du foin et se repose dans son box climatisé, entouré de ses nouveaux compagnons.

Le week-end, il voyage souvent en avion dans d'autres pays et villes avec ses amis, pour participer à des concours hippiques. Il collectionne les tampons dans son passeport (Arabie Saoudite, Bahreïn et Émirats arabes unis) et participe à des concours dans les capitales de ces pays. Méridien le cheval voyageur a une vie bien remplie : il parcourt le monde et rafle rosettes et trophées.

Un jour, Méridien participe à un concours de saut d'obstacles à Abou Dhabi, aux Émirats arabes unis. Une jeune Anglaise du nom de Charlotte, ou

Charlie pour les intimes, qui cherche alors un compagnon de saut et de voyage pour parcourir le monde, repère le joli cheval. Dès qu'elle voit sa belle liste et ses yeux rieurs, elle sait qu'ils sont faits l'un pour l'autre.

Charlie se dirige vers Méridien qui s'approche à son tour et touche son épaule du museau, en guise d'affection. Elle se présente au cavalier de Méridien.

Voyant le drapeau du Qatar sur son casque, elle en déduit qu'il vient de Doha.

Elle lui demande avec une pointe d'audace : « Ce magnifique cheval est-il à vendre ? J'aimerais tellement qu'il reste ici à Abou Dhabi avec moi ! »

Le cavalier, surpris par l'aplomb de Charlie, s'empresse de répondre : « Je crois que c'est ton jour de chance ! »

« C'est vrai ? », s'exclame Charlie tout heureuse.

Le cavalier qatari continue en expliquant : « Méridien – c'est son nom – participe aux concours de saut d'obstacles au niveau international depuis plusieurs années et il mérite de faire autre chose. On aimerait que sa vie soit un peu plus variée. Donc oui, il cherche une nouvelle maison ! »

Charlie est aux anges ! « Je vous promets que Méridien ne s'ennuiera pas et qu'il sera très heureux chez moi », dit-elle en jetant ses bras autour de l'encolure de Méridien pour lui faire un gros câlin.

Charlie se met à pleurer de joie, toute émue à l'idée de nouer une nouvelle amitié et de commencer cette aventure. C'est le début de voyages palpitants que personne n'aurait pu imaginer lorsque Méridien faisait ses premiers pas hésitants en France, en cette belle matinée d'avril.

Ce soir-là, Charlie emmène Méridien dans sa nouvelle maison, les écuries du Vieux Palais d'Abou Dhabi, où un gentil vétérinaire argentin vérifie qu'il est en bonne santé. Méridien passe les tests et contrôles haut la main.

Méridien montre également sa douceur et son calme légendaire lorsque Lola, la plus jeune fille du gentil vétérinaire argentin, au côté de son père à ce moment-là, lui demande si elle peut s'asseoir sur le grand cheval.

Charlie sourit et hoche la tête : « Si ton papa est d'accord, bien sûr que tu peux ! »

Le gentil vétérinaire argentin hisse Lola sur le dos de Méridien. Malgré les cris d'excitation et l'agitation de Lola, Méridien reste imperturbable, et se laisse faire sans broncher !

*

Comme tu es sur le point de le découvrir, depuis cette première rencontre, Méridien et Charlie ont vécu de formidables aventures...

Ahlan ! - et Ali

Émirats arabes unis

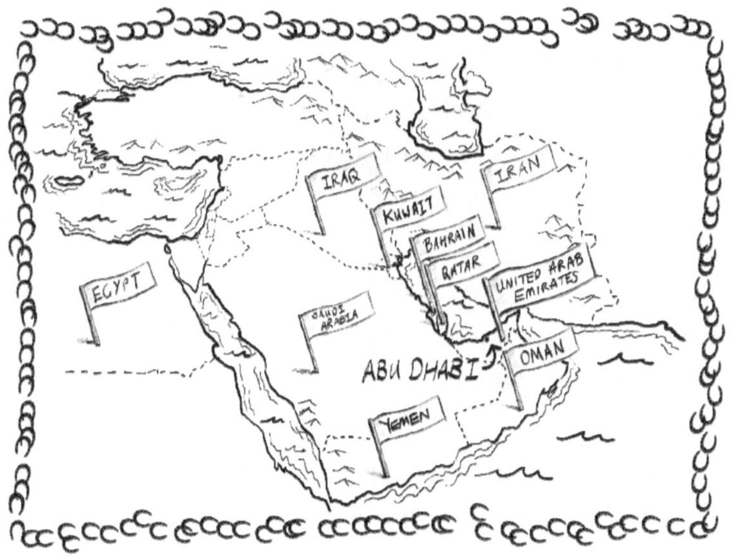

Ahlan !
(« Bienvenue ! » en arabe)

Ahlan ! Bienvenue ! C'est ce que l'on peut voir sur de grands panneaux à l'arrivée à Abou Dhabi, capitale des Émirats arabes unis. Méridien est le bienvenu à Abou Dhabi. Il est accueilli à bras ouverts dans cette nouvelle maison, prêt pour la prochaine étape de son voyage.

Le box couleur sable de Méridien fait partie d'une rangée de douze autres box situés dans un joli coin calme des écuries du Vieux Palais. Il a de nouveaux camarades à gauche, et à droite. Il fait chaud comme à Doha, mais comme il est arrivé au mois d'avril, le lendemain de son anniversaire, la température est encore assez clémente pour n'avoir qu'un ventilateur au plafond de l'écurie. Le box est ouvert à l'avant et à l'arrière pour permettre à l'air de circuler et garder le cheval au frais. Il donne sur une rangée de palmiers-dattiers, qui rappellent les palmiers vus pour la première fois à Doha. Des paddocks de sable se trouvent dans le prolongement à l'avant, et plusieurs carrières de sable complètent les installations à l'arrière.

Le lendemain matin de son arrivée aux écuries du Vieux Palais, Méridien fait la connaissance de son nouveau garçon d'écurie Ali, qui s'occupera de lui quand Charlie n'est pas là. Il deviendra l'un des meilleurs amis de Méridien, et l'un des plus fidèles. Il traite Méridien comme un roi – ne vit-il pas dans les écuries du Vieux Palais après tout ? Ali l'emmène se promener dans le jardin de sable parsemé de palmiers-dattiers, l'arrose d'eau fraîche pour le soulager de la chaleur du désert, le panse et lui parle pendant qu'il lui tient compagnie dans son box. Ali est originaire du Pakistan, sa langue maternelle est l'ourdou, langue que Méridien n'a encore jamais entendue. En réalité, Ali et Méridien communiquent dans une langue qui leur est propre. Ils se comprennent toujours.

Le premier jour dans sa nouvelle écurie du Vieux Palais d'Abou Dhabi, difficile de savoir ce qui a réveillé Méridien : l'appel à la prière de la mosquée du quartier ou les gargouillements de son ventre affamé (Méridien a toujours faim !). Les chants de l'appel à la prière se font entendre depuis la mosquée des écuries du Vieux Palais, située à quelques centaines de mètres de l'écurie de Méridien. Cinq fois par jour, à chaque appel à la prière, Ali et les garçons d'écurie partent à la mosquée pour ces temps de recueillement et de réflexion. Lorsque Méridien entend le premier appel à la prière du jour, il sait que l'heure du petit déjeuner approche. Le deuxième annonce le repas de midi. Le troisième le réveille souvent de sa sieste de l'après-midi et le quatrième correspond au repas du soir. Au moment où les paroles scandées des prières du cinquième et dernier appel parviennent jusqu'à l'écurie, Méridien dort souvent déjà profondément, perdu dans le royaume des rêves. Aux premier, deuxième et quatrième appels, Méridien hennit pour rappeler gentiment à Ali qu'une fois ses prières terminées et de retour à l'écurie, il est l'heure de manger !

À son retour de la mosquée le premier matin, Ali fait sortir Méridien pour la première fois dans le paddock de sable devant les box. En découvrant de nouvelles odeurs inconnues dans l'air, Méridien remue les naseaux pour montrer son excitation et part au galop dans le paddock. Il galope à toute allure. En freinant, il fait une belle glissade dans le sable et s'arrête à quelques millimètres à peine de la clôture du paddock. Il a envie d'explorer ce nouveau lieu, d'enregistrer les nouvelles odeurs et les nouveaux bruits. Après une pause, le voilà reparti au galop tout autour du paddock. Quelques ruades et hennissements plus tard, il appelle les autres chevaux qui sont devenus ses nouveaux camarades. Tous trouvent l'exercice très amusant et se joignent à Méridien

qui se calme soudainement, car il a repéré le gros tas de foin au coin du paddock. Dès lors, il se met à mastiquer tête baissée et rien ne peut venir le distraire. Il ne se fait plus remarquer jusqu'à ce qu'Ali le ramène dans son box, avant que la chaleur du désert ne vienne écraser le paddock.

Des friandises

Émirats arabes unis

Méridien s'est bien habitué à son nouveau chez-lui aux écuries du Vieux Palais. Quand Charlie arrive à l'écurie le matin, les oreilles de Méridien se dressent et il hennit doucement, faisant vibrer ses naseaux – sa façon de dire *Ahlan* ou bienvenue à Charlie. L'*ahlan* de Charlie pour Méridien est un bonbon à la menthe qu'elle garde toujours dans sa poche. Il a vite appris où se trouvent les bonbons et il les cherche des naseaux à la moindre occasion.

Un matin, quand les palmiers-dattiers situés en face de l'écurie de Méridien sont mûrs pour la récolte, une datte tombe d'un arbre. Elle atterrit sur le sol, juste aux pieds de Charlie. Elle se baisse pour la ramasser.

« Regarde Méridien, c'est une datte ! Toute fraîche en plus ! », s'exclame-t-elle en marchant vers lui, la datte à la main.

Oups ! Méridien tend son encolure par-dessus la porte du box et avale la datte avec le noyau, hochant la tête de haut en bas en guise d'approbation.

Charlie éclate de rire. « Tu en veux encore, hein ? » demande-t-elle à son compagnon à quatre pattes.

Elle repart vers les palmiers-dattiers à la recherche d'une autre datte tombée par terre, mais il n'y en a pas. Un hennissement d'encouragement se  fait entendre derrière elle. Alors évidemment, elle décide de grimper dans l'un des arbres pour cueillir plus de dattes. Les chevaux arabes de l'écurie aiment eux aussi les dattes, mais comme ils ont grandi dans le désert, ils y sont habitués. Ils ont appris à recracher le noyau, comme les êtres humains recrachent le noyau des cerises. Même si Méridien voit comment ses amis mangent la datte en recrachant le noyau, il n'a jamais réussi à maîtriser la technique, à la manière d'un vieux singe à qui on n'apprend pas à faire la grimace – non pas que Méridien soit vieux ! Méridien a trouvé sa friandise favorite. Depuis ce jour, si Méridien voit Charlie près des palmiers-dattiers, il hennit doucement dans l'espoir d'avoir une datte et bien sûr, il parvient toujours à ses fins ! Charlie est devenue une pro de la grimpe, de la cueillette et du dénoyautage de datte : un service de livraison de dattes premium rien que pour Méridien. Dattes et bonbons à la menthe. Le nouveau

quotidien de Méridien est rempli de friandises toutes plus délicieuses les unes que les autres. C'est donc à Abou Dhabi que la confiserie mobile de Méridien a vu le jour. Au souk local (le marché du centre-ville), Charlie trouve un petit coffre en bois avec une mappemonde gravée sur le dessus, l'accessoire idéal du parfait globe-trotteur. Elle l'achète pour y mettre les friandises de Méridien et l'emporter en voyage. Les friandises de cette confiserie mobile permettent ainsi de donner vie aux souvenirs des lieux visités pendant les voyages. D'abord garnie de bonbons à la menthe puis de dattes, la confiserie a encore de la place pour d'autres friandises.

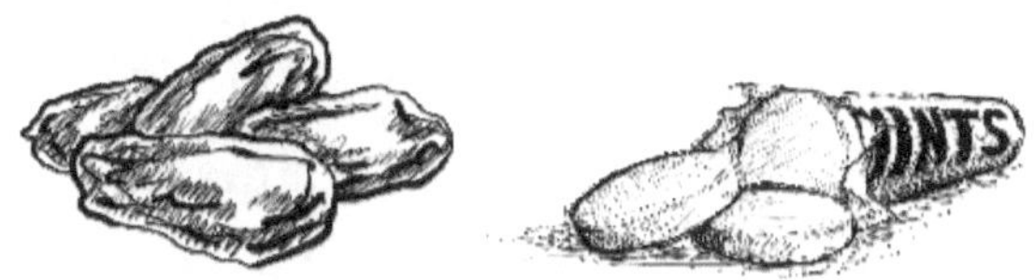

Un invité indésirable

Émirats arabes unis

Abou Dhabi, c'est principalement un désert, et contrairement à la France, il y a très peu de champs pour faire pousser du foin. Il est impossible de produire localement du foin en quantité suffisante pour nourrir tous les chevaux, donc du foin délicieux est importé en avion depuis les prés verdoyants du Kentucky aux États-Unis – un foin qui traverse l'océan pour satisfaire les besoins des chevaux dans le désert.

Un jour d'août, le foin de Méridien n'est pas de la même qualité que d'habitude. Ce n'est pas le foin du Kentucky, mais du foin local. Il est sec. Mais Méridien a faim, alors il continue à manger.

Soudain, il se met à sauter dans son box et se cogne contre le mur du fond. Qu'y a-t-il sur son nez ? Est-ce que c'est toujours là ? En a-t-il sur toute la tête ? En train de cavaler entre ses yeux ? Qu'est-ce que ça peut bien être ?

Méridien bondit dans l'écurie, en ruant et hennissant. Il fait un boucan pas possible en se débattant de la sorte. Ali se précipite vers Méridien qui a plongé sa tête dans le seau d'eau, éclaboussant partout.

« *Calm down boy!* » (Du calme mon joli !) dit Ali en courant vers l'écurie.

Mais Méridien n'a pas l'intention de se calmer. Sa tête enfle à vue d'œil, des naseaux jusqu'aux oreilles. Il commence à ressembler davantage à un éléphant qu'à un cheval.

« Mon pauvre ! Tu as chaud et tu transpires. Et ta tête... elle est enflée comme un ballon ! » Ali lui parle l'air inquiet. « Tu veux te rafraîchir avec l'eau du seau ? Attends, je vais chercher de l'aide. »

Charlie arrive aux écuries, avec l'intention de partir en promenade avec Méridien. Quelle surprise en découvrant sa tête boursouflée !

« Que se passe-t-il ? Qu'est-il arrivé à Méridien ? » s'écrie-t-elle très inquiète.

Charlie est prise de panique.

« Ça va aller ! J'ai déjà appelé le gentil vétérinaire argentin. Il arrive », dit Ali pour rassurer Charlie.

Dès son arrivée, le vétérinaire court vers le box de Méridien et inspecte sa tête enflée.

« Un scorpion l'a piqué sur le nez », annonce-t-il à Ali et Charlie.

Un scorpion ?! Il s'est caché dans le foin peu appétissant.

Le gentil vétérinaire argentin administre à Méridien un délicieux médicament au goût de datte, mais plus sucré. Méridien hoche la tête en guise de validation et paraît beaucoup mieux dès qu'il l'a avalé. Un produit magique !

Le gonflement dure quelques jours. Le gentil vétérinaire argentin vient régulièrement voir Méridien pour lui donner le médicament au goût sucré et il retrouve rapidement son appétit habituel et recommence à mastiquer du foin.

Après l'incident du scorpion, seul le foin du Kentucky est servi à Méridien !

La traversée du désert

Au milieu des dunes

Un matin après le petit déjeuner, une ÉNORME malle verte apparaît devant le box de Méridien. Charlie y range ses selles et ses filets et ajoute à sa confiserie mobile plusieurs sachets de dattes sucrées qui proviennent des palmiers-dattiers en face de l'écurie. Un camion blanc, très grand et très long, arrive.

Méridien hennit pour dire au revoir à ses amis quand il monte dans le camion, ravi de partir à nouveau en voyage. Les autres chevaux hennissent à n'en plus finir lorsque le camion démarre et Méridien leur répond. Comme c'est un globe-trotteur, il y a de fortes chances que Méridien retrouve ses amis au détour de ses voyages à travers le monde, donc ce n'est pas un adieu, mais un au revoir.

Ali, qui s'est beaucoup attaché à Méridien, ne veut pas faire ses adieux au cheval. Il demande s'il peut continuer à s'occuper de Méridien et se joindre à Charlie pendant leur voyage dans le désert, en route vers leur nouvelle destination. Charlie est ravie que l'ami fidèle de Méridien puisse rester à ses côtés dans leur nouvelle maison.

Ils traversent un désert aride pendant des heures, seuls des chameaux et des chèvres cassent la monotonie du sable. Le sable varie du jaune vif au rouge profond et se décline en plaines et grandes dunes. Des paysages magnifiques.

Le voyage est très long : entre six et sept heures avec des arrêts en chemin pour s'hydrater. La première fois que Charlie veut faire sortir Méridien du camion pour qu'il puisse se dégourdir les jambes

et boire de l'eau, il s'arrête net en haut de la rampe. Il refuse d'avancer. Ses naseaux sont en émoi. Quelque chose le perturbe. Puis Charlie voit ce qui a attiré le regard de Méridien : une caravane de chameaux qui marchent dans le désert, à quelques mètres à peine de la route où ils se sont garés. Il y a une vingtaine de chameaux adultes qui avancent dans le sable et environ six bébés qui zigzaguent entre eux.

Même si cela fait maintenant plusieurs années que Méridien vit dans le désert, il n'a jamais vu de chameaux de si près. Ils doivent dégager une odeur qui appelle Méridien à la prudence, car il reste sur ses gardes.

Au final, Ali et Charlie réussissent à attirer Méridien dehors en l'appâtant avec des dattes, mais il a hâte de retourner dans le camion et de s'éloigner des chameaux aussi vite que possible.

Heureusement, au fil du voyage, Méridien apprend à ne plus avoir peur de descendre du camion et il commence à apprécier les petites haltes et les nouveaux paysages.

Au terme de ce long trajet dans le désert, le camion se gare à destination et la rampe s'ouvre. Méridien vient d'arriver dans la jolie ville de Mascate, située dans le Sultanat d'Oman.

Méridien le cheval de course ?

Oman

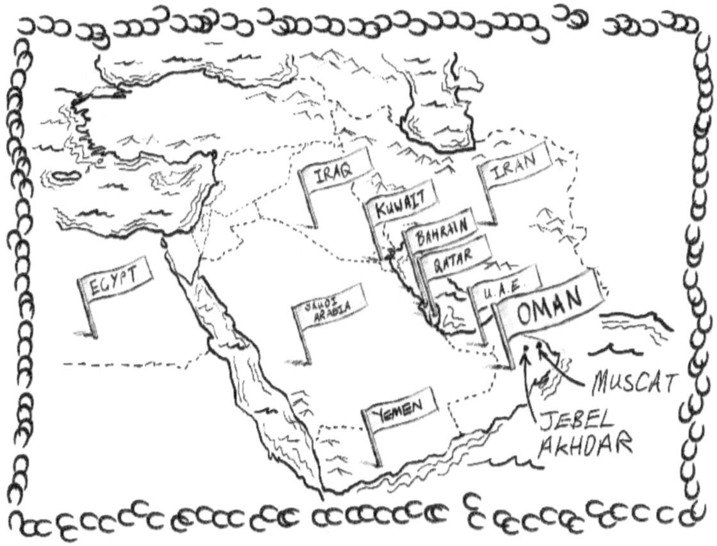

Méridien s'acclimate rapidement à sa nouvelle maison de Mascate, capitale du Sultanat d'Oman. Il fait aussi chaud qu'à Abou Dhabi, mais le ressenti est différent. Depuis sa nouvelle écurie en bordure de la ville, il a vue sur les montagnes escarpées et rocheuses qui se parent d'une couleur rosée au lever et au coucher du soleil. Les écuries ne sont pas loin du palais du sultan, roi et souverain du Sultanat d'Oman, qui habite là avec sa femme, la jolie sultane.

Une piste de galop se trouve de l'autre côté de la route, en face de l'écurie.

« Voudrais-tu nous emmener au champ de courses un jour ? » demande Charlie à Lina, sa nouvelle amie omanaise que tout le monde appelle « petite Lina », car elle est vraiment petite, surtout par rapport à Hank, son cheval de course de très grande taille, originaire du Texas.

« On peut laisser Méridien s'essayer à la course », ajouta Charlie en riant.

« Absolument ! Hank serait ravi. Il peut montrer les ficelles de la course à Méridien », répond la petite Lina. « Allons-y discrètement tôt demain matin, quand il n'y a personne. On aura l'hippodrome pour nous ! »

Le lendemain, les filles sortent à l'aube comme prévu, pour leur petite escapade. Méridien fait preuve de courage. Aucune hésitation ni protestation quand Charlie l'enfourche pour traverser la grande route goudronnée et trotter jusqu'à la piste de galop.

On ne peut pas en dire autant de son nouvel ami Hank qui est moins calme. Hank piaffe d'impatience sur la route, bondissant de tous les côtés et s'ébrouant.

« Hank peut voir les monstres ! » dit la petite Lina en rigolant, pendant qu'elle rebondit sur la selle. Charlie, contente de monter Méridien qui marche calmement à côté de son ami plus agité, se met à rire aussi.

« Je crois qu'il sait qu'on se dirige vers le champ de course et ça lui rappelle des souvenirs de son passé de champion », confie la petite Lina.

Dès qu'ils ont traversé la route pour atteindre l'herbe, la petite Lina crie en arabe « *Yallah* ! » qui veut dire « En avant ! ».

Et les voilà partis. Les chevaux s'élancent ensemble, restant à la même hauteur. Charlie incite Méridien à garder la même allure que Hank qui prend rapidement de l'avance, mais Méridien se souvient qu'il n'est pas un cheval de course comme Hank. Son truc à lui, c'est le saut d'obstacles. Il est fait pour sauter par-dessus les haies et non pour pratiquer la course de galop. Il s'amuse, mais il veut simplement profiter de la balade et ralentit la cadence.

Soudain, l'arrosage automatique se met en marche et arrose Méridien qui s'emballe. Son accélération soudaine prend Charlie par surprise ;

elle s'agrippe et réussit tout juste à ne pas tomber. Quand Méridien sent la fraîcheur agréable des jets d'eau sur sa croupe, il ralentit le pas. Avec la chaleur et la transpiration du désert, cette pause fraîcheur est la bienvenue. Il s'arrête même en face d'un jet pour profiter de la douche... Charlie aussi est trempée jusqu'aux os !

La petite Lina se rend compte que Méridien et Charlie ne galopent plus avec elle et fait ralentir Hank au pas. Elle se retourne et voit Méridien et Charlie loin derrière sur la piste, devant le jet d'eau. Elle ne peut s'empêcher d'éclater de rire.

Trottant pour les rejoindre, elle s'écrie : « Je suppose que Méridien n'a pas envie d'être un cheval de course ! »

Charlie sourit. « Je crois que tu as raison Lina. On va s'en tenir au saut d'obstacles pour l'instant ! »

Grenades et récompenses

Oman

Juste avant que Méridien embarque pour l'étape suivante de son voyage, et ne laisse le désert et le Moyen-Orient derrière lui, Ruth, la super entraîneuse de saut d'obstacles de Charlie, les inscrit à un concours bien particulier.

La route vers le lieu du concours, prise de nuit après le coucher du soleil et dissipation de la chaleur de la journée, les mène à nouveau à travers le désert. Plus le cortège s'éloigne de la ville de Mascate et plus il s'enfonce dans le désert, plus l'air est chargé de sable. Ce sable irrite les yeux de Méridien, mais Charlie a appris à soulager ses yeux avec des sachets de thé froids pour apaiser les picotements, rituel qu'elle fait toujours après un voyage dans le désert. Elle est vraiment aux petits soins pour Méridien !

Après deux heures seulement, ils arrivent au sommet d'une montagne verte – oui une montagne verte en plein désert : un oasis ! Ce lieu s'appelle même la « Montagne verte » ou « *Jebel Akhdar* » en arabe. Ni Méridien, ni Charlie n'ont déjà vu pareil spectacle. Il y a des abricotiers, de magnifiques roses de différentes couleurs et de nombreuses rangées de

grenadiers remplis de fruits. Des chèvres, beaucoup de chèvres ! Les chèvres commencent à bêler bruyamment et se mêlent aux gens et aux chevaux, sans aucune crainte et en espérant parvenir à dérober le sandwich de quelqu'un.

Les écuries destinées aux centaines de chevaux présents pour le concours sont magnifiques. Une carrière de la taille d'un terrain de football est éclairée par des projecteurs et la lumière de la lune, et un groupe de musique traditionnelle joue de la batterie, de la cithare et de la lyre. De jeunes enfants dansent avec joie au rythme des percussions, au chant de la cithare et sur les accords de la lyre.

Ali reste près des chevaux tandis que Charlie part avec Ruth et les équipes de cavaliers et d'entraîneurs pour découvrir le parcours de saut d'obstacles à pied. En tant que cavalière, elle devait apprendre le parcours et les obstacles par cœur. Charlie et Ruth discutent de la vitesse de course de Méridien, de comment négocier les meilleures options et estiment le nombre de foulées nécessaires pour gagner du temps.

« Souviens-toi de tout ce qu'on a fait à la maison et tu seras sur le podium », rassure Ruth en encourageant Charlie. « Méridien va adorer sauter ! »

À l'écurie, Ali prépare Méridien pour le faire beau.

« Aujourd'hui est un jour spécial, mon ami », déclare Ali à Méridien.

Il sait que Méridien va bientôt s'envoler vers de nouvelles aventures.

« Je ne pourrai pas venir avec toi quand tu partiras de Mascate, car je ne peux pas partir loin de ma famille qui a besoin de moi ici au Moyen-Orient », explique Ali. « Faisons de toi le cheval le plus élégant en ce jour spécial, et rendons ce moment mémorable ! », dit Ali.

Il coupe la crinière de Méridien pour qu'elle soit la plus droite possible. On dirait qu'elle a été coupée à la règle pour être si rectiligne. Il coupe aussi son toupet avec la même précision, et c'est ainsi qu'est né le nouveau look de Méridien avec sa frange !

« Charlie, regarde ! » Ali sourit jusqu'aux oreilles quand Charlie revient de la reconnaissance du parcours avec Ruth, et montre du doigt Méridien.

Son nouveau look prend Charlie par surprise. Le résultat est un peu bizarre, mais Ali est si fier de la nouvelle coupe de Méridien que Charlie ne peut pas lui en vouloir. Elle sourit.

« Merci de l'avoir fait si beau, Ali », dit-elle en mettant la selle et le filet de Méridien, en préparation du concours.

Méridien a fait le voyage jusqu'à la montagne verte avec son ami Hank, ancien cheval de course originaire du Texas. Hank est toujours plus nerveux que Méridien, qui est plus vieux et même s'il ne fait pas toujours preuve de plus de sagesse, il est plus calme. Alors que les deux chevaux sont en chemin vers le paddock d'échauffement, les yeux de Hank s'écarquillent. Méridien, essayant de transmettre son calme olympien, tente de convaincre Hank qu'il n'y a aucun monstre ici et qu'il ne faut pas avoir peur. Hank se cambre et danse, faisant sauter Lina sur sa selle, tandis que Ruth aide Méridien et Charlie à terminer l'échauffement en sautant les obstacles du parcours d'entraînement.

« Allez Charlie ! Tu vas y arriver ! » Charlie entend les encouragements de Ruth quand elle passe devant elle au petit galop avec Méridien, avant d'entrer dans la carrière qui fait la taille d'un terrain de football.

Confiant, le duo Méridien-Charlie profite de l'ambiance animée pendant leur petit galop autour du parcours. Ruth rejoint les amis de Charlie de l'écurie du Vieux Palais d'Abou Dhabi, venus d'Oman pour assister au concours et qui font un pique-nique sous les abricotiers aux abords du parcours.

Tout autour du terrain du concours figurent des photos du sultan et de la sultane qui ont organisé ce prestigieux concours dans ce lieu magique de la montagne verte. Un 4x4 blanc rutilant garé au beau milieu de l'arène, scintille sous les feux des projecteurs : c'est le prix qui reviendra au gagnant du concours. Charlie n'a jamais vu une dotation pareille et n'a jamais participé à un concours si grandiose.

Dès que Méridien entend la cloche sonner, annonçant le début de son parcours, il émet un petit hennissement d'excitation. À lui de jouer. Il se sent pousser des ailes comme Pégase, le célèbre cheval ailé de la mythologie grecque, prêt à s'envoler. Il attend le signal de Charlie, une légère pression de ses mollets contre son flanc, et s'élance. Les obstacles sont tous originaux et arborent des couleurs vives : certains ressemblent à des murs de brique, d'autres à des tasses à café de style arabe, ou encore à un paysage du désert bordé de palmiers-dattiers de chaque côté. Heureusement, Méridien est si concentré qu'il ne pense pas à s'arrêter pour manger des dattes – et c'est bien la première fois !

Méridien et Charlie évoluent rapidement sur le parcours, sans toucher une barre. Charlie ralentit Méridien et il sait alors que son travail est terminé. Comme toujours après un parcours de sauts d'obstacles, Méridien ne peut résister à pousser des petits hennissements de joie, accompagné d'une ruade. Heureusement pour sa cavalière, la ruade n'est pas trop violente.

Les spectateurs les acclament et Ruth vient à leur rencontre en courant pour féliciter Charlie et récompenser Méridien en lui offrant une datte bien méritée.

Vient l'heure de la remise des prix. Méridien gagne le 4x4 blanc rutilant, mais plus intéressant pour lui, la récompense comprend aussi une grande boîte de dattes, d'abricots et de grenades. Au final, la crinière coupée et la nouvelle frange de Méridien lui ont porté chance – la coupe de la victoire !

Charlie est très heureuse et très fière de Méridien, son compagnon globe-trotteur dévoué.

Même si le véhicule est un prix extraordinaire, il n'est d'aucune utilité à Charlie. Après avoir ramené

Méridien à l'écurie pour qu'il soit shampooiné et pansé, elle demande à Ali de s'asseoir sur un ballot de paille à côté du box.

« Ferme les yeux et tends les mains », dit-elle à Ali.

Il ne sait pas trop quoi penser, mais quand il voit Méridien hocher la tête derrière Charlie, il s'exécute. Charlie met les clés du 4x4 dans les mains d'Ali et recule d'un pas.

« Tu peux ouvrir les yeux maintenant », lui dit-elle.

Ali voit les clés en ouvrant les yeux.

« C'est vrai ? Elles sont pour moi ? », demande-t-il à Charlie.

« Méridien en a décidé ainsi », explique Charlie, et Méridien hennit doucement pour confirmer.

Ce soir-là, Ali ne les rejoint pas dans le camion comme d'habitude, car il ouvre la voie dans son tout nouveau 4x4 blanc rutilant.

En route pour rentrer à Mascate, tout le monde est ravi de cette victoire de Méridien, talonné par Hank à la deuxième place. Et la confiserie mobile de Méridien a fait le plein de bonbons à la menthe, de dattes, sans oublier les abricots et les grenades. Méridien n'a pas goûté les grenades, mais Charlie est sûre qu'il va aimer et les gardent pour plus tard. Elle en prend une à partager avec Ruth et la petite Lina pendant le trajet – chut !

Le lendemain, Ali vient voir Charlie en courant, brandissant un journal au-dessus de sa tête.

Il marche d'un pas léger et dynamique. Il déborde tellement d'enthousiasme que Charlie ne comprend pas un mot de ce qu'il dit. Il lui tend le journal et Charlie crie de joie. C'est l'édition matinale de l'Oasis Times et Méridien et Hank font la une sur une photo tirée de la remise des prix du concours de *Jebel Akhdar*.

L'article est écrit en arabe.

« Petite Lina, j'ai besoin de ton aide ! Regarde ! Tu dois absolument voir ça ! » Charlie appelle la petite Lina qui marche avec Hank en direction du box de Méridien.

« Qu'est-ce qu'il y a Charlie ? » demande la petite Lina.

« On est célèbres ! On fait la une de l'Oasis Times ! Et ça dit quoi ? », demande Charlie à la petite Lina en lui montrant le journal.

« Attends, je regarde », dit Lina en consultant l'article.

Elle se met à traduire pour Charlie et Ali : « Hier, un prestigieux concours de saut d'obstacles s'est déroulé dans le magnifique oasis de la montagne verte. Les chevaux sont venus du monde entier pour y participer et profiter de l'hospitalité omanaise. Le premier prix a été décerné à Monsieur Méridien de Saint-Martin de France et à sa cavalière anglaise Charlie. Le deuxième prix revient au cheval texan Hank et à sa cavalière omanaise, la petite Lina. Félicitations aux duos gagnants, et à tous les autres chevaux pour leurs belles performances. »

« Génial, merci petite Lina ! Méridien et Hank sont célèbres ! » s'exclame Charlie, ravie.

Les deux chevaux perçoivent l'excitation et se mettent à hennir et hocher la tête pendant que Charlie, la petite Lina et Ali font la danse de la victoire devant l'écurie.

OASIS TIMES
ذي أوايزس تايمز
الطبعة الصباحية
رض فخم لقفز
، واحة الجبل
ميلة. جاءت
أنحاء العالم
ن الضيافة
ة الأولى
ن سانت
نكليزي
الثانية
ساس
لينا.
على
جر
الأ
الأخ
الأحد
للمنافد
في عم
موسيو د
مارتن فر
شارلي. ذ
إلى ال
جرى أمس عرض فخم لقفز
الأحصنة من كافة أنحاء العالم للمنافسة في واحة الجبل الأخضر
الجائزة الأولى موسيو
شارلي. ذهبت ال

Plan A et pumas

Oman

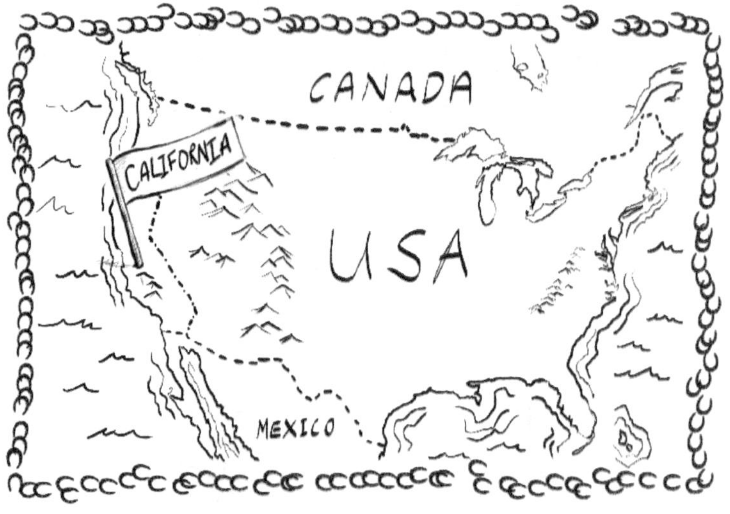

En préparant leur prochain voyage en Californie, Charlie choisit une jolie écurie pour Méridien, dans les collines surplombant la ville de Palo Alto. Les écuries donnent sur la baie de San Francisco. Un shérif monte la garde toutes les nuits dans l'écurie. Pas pour se protéger des voleurs, mais des pumas !

Toujours à Mascate, en attendant d'embarquer pour sa prochaine aventure, Méridien se fait deux nouveaux amis appelés Yin et Yang. Ces deux magnifiques étalons sont arrivés récemment à Mascate depuis les États-Unis. Yin est noir comme l'ébène et Yang blanc comme la neige. Ils forment un duo de choc. Ils sont venus pour faire le show lors d'une réception royale à Mascate et doivent repartir aux États-Unis en avion dans quelques semaines. C'est le scénario idéal, car contrairement à l'Arche de Noé où les animaux embarquaient deux par deux, les chevaux doivent voyager par trois en avion, et il y avait donc de la place pour Méridien, Yin et Yang dans le prochain avion.

Mais la performance de Yin et Yang pendant la fête royale a été si spectaculaire qu'ils ont rapidement eu de nombreux fans à Mascate. Mo et Meriem, petit frère et petite sœur de la petite Lina, sont d'ailleurs aux premières loges du fan club. En effet, ils ont adoré Yin et Yang et leurs prouesses. Mo et Meriem ont toujours rêvé de faire de la voltige. Les parents de la petite Lina lui ont offert Hank il y a quelques années, car elle voulait devenir jockey. Mo et Meriem supplient leurs parents de garder Yin et Yang. Puisqu'ils veulent aider leurs enfants à réaliser leur rêve, ils acceptent et font le nécessaire pour que les chevaux restent avec eux à Oman.

Le voyage de Yin et Yang aux États-Unis annulé, Méridien doit trouver d'autres compagnons de voyage et un autre vol.

Pendant que Méridien attend qu'on lui trouve deux nouveaux partenaires de voyage pour pouvoir partir, le gentil vétérinaire argentin vient lui rendre visite depuis Abou Dhabi. Il a l'air préoccupé.

« Je suis désolé, Charlie. J'ai de mauvaises nouvelles et je voulais te les expliquer de vive voix », commence le gentil vétérinaire argentin.

« Que se passe-t-il ? Quel est le problème ? », demande Charlie.

«'Une grande épidémie de maladie équine frappe les États-Unis : c'est la bactérie *Streptococcus Equi*, que l'on appelle aussi la gourme. Comme c'est très contagieux, aucun cheval n'est autorisé à entrer sur le sol américain en avion jusqu'à ce que tous les chevaux malades soient guéris », explique le gentil vétérinaire argentin.

« Alors on ne peut plus du tout voyager en Californie, ni dans le reste des États-Unis ? », lui demande Charlie avec surprise.

« Il faut suspendre ton projet pour le moment Charlie », confirme le gentil vétérinaire argentin, en caressant Méridien qui passe la tête au-dessus de la porte de son box pour voir ce qu'il se passe.

« Mince ! Bon tant pis, la Californie reste peut-être un rêve pour l'instant, mais j'ai un plan B », répond Charlie. « Merci d'avoir fait toute cette route pour nous prévenir. »

« Il faut toujours avoir un plan B, Méridien », confie Charlie à son globe-trotteur préféré, tandis qu'il fouille dans ses poches à la recherche de friandises. « Ne t'en fais pas, nous allons faire un autre voyage, je te le promets. Et comme dans le plan B, il n'y a pas de pumas, c'est probablement mieux de toute façon. »

Plan B et box volant

Le ciel

Un joyeux bazar s'installe au niveau du box de Méridien. Toutes les personnes qu'il aimait sont rassemblées autour de lui et aux petits soins. Un vent de changement souffle sur l'écurie. Son ÉNORME malle verte est de sortie, posée juste devant son box. Un nouveau voyage en perspective ? Quelle en sera la prochaine étape ?

Tout le monde est triste. L'heure des au revoir

a sonné. Les larmes ont coulé... Ali retient ses larmes, mais il reste étonnamment silencieux. Méridien allonge son encolure pour passer la tête au-dessus de la porte et blottit son museau contre son ami. Ali sent alors les larmes monter et ne peut les retenir plus longtemps. Essayant de cacher ses larmes à Charlie, Ali emmène Méridien vers le camion qui l'attend. Il veut profiter de ces dernières minutes au côté de son ami Méridien.

Méridien hennit en direction de tous ses amis et Ali l'accompagne sur la rampe du camion. Tous les chevaux hennissent en retour. Son ami Hank, l'ancien cheval de course du Texas, hennit particulièrement fort. Méridien part seul et laisse Hank, mais comme c'est un cheval voyageur, il recroisera certainement la route de Hank un jour...

« Au revoir petite Lina. Sois prudente quand tu montes Hank », dit Charlie à son amie omanaise.

« Il va encore me faire tourner en bourrique ! » répond la petite Lina en riant.

Charlie se tourne vers Ruth, son entraîneuse favorite.

« Merci de ton aide précieuse pour le saut d'obstacles. Sans toi, on n'aurait jamais pu gagner le concours de la Montagne verte. »

« Promets-moi simplement de continuer à

travailler », dit Ruth à Charlie.

Charlie acquiesce en souriant.

Elle les prend toutes les deux dans ses bras pour leur dire au revoir et monte à l'avant du camion.

« Rendez-vous quelque part dans le monde, au détour de nos aventures de globe-trotteurs », s'exclame Charlie en faisant un signe de la main au départ du camion.

*

Méridien et Charlie poursuivent leur voyage. En route pour découvrir d'autres régions du monde.

Sur la route de l'aéroport, le camion fait une halte et deux grands chevaux bais rejoignent Méridien – des chevaux de course. Méridien les accueille avec un gros hennissement : c'est Domino et Dynamite, les chevaux avec qui il a pris l'avion de Paris à Doha plusieurs années auparavant.

Une fois arrivés à l'aéroport, Méridien, Domino et Dynamite descendent du camion en caracolant pour monter dans une remorque spéciale destinée au transport des chevaux en avion, un box volant en quelque sorte, où ils vont faire le voyage ensemble jusqu'à leur prochaine destination.

Méridien, Domino et Dynamite sont guidés à bord du box volant, accompagnés des tapis, des selles et de l'ÉNORME malle verte de Méridien, sa confiserie mobile, ses filets à foin, d'autres filets à foin, sans oublier deux autres personnes : Charlie et le groom volant (non, le groom ne vole pas vraiment, mais c'est comme un steward pour chevaux qui s'occupe d'eux pendant le vol). Heureusement que les compagnons de voyage de Méridien n'ont pas de bagage, car Méridien ne sait pas voyager léger et le box volant est complet.

Une petite camionnette remorque le box volant jusqu'à un grand hangar. On y trouve un plateau de pesage avec une balance intégrée au sol. Le pilote, qui doit s'assurer que le chargement est correctement réparti dans l'appareil, hoche la tête en guise d'approbation. Ouf ! Malgré tous les bagages et l'ÉNORME malle verte, la cargaison n'est pas trop lourde !

Un grand avion-cargo attend sur la piste. On peut lire le nom de l'appareil, écrit en grosses lettres noires à l'avant, près du cockpit : « **The Ark** » (L'arche).

Le box volant est transféré à l'aide d'un élévateur à ciseaux – *zig-zag, zig-zag* – puis placée dans l'Arche. Méridien mastique son foin tandis que

Domino et Dynamite sautent dans le box et entrent un peu brusquement dans la soute, le ventre du cargo. Une fois poussé vers le milieu de l'appareil – *clic clac* – le box est attaché et sécurisé. Une fois que le reste du chargement est à bord, l'appareil est prêt au décollage, en route vers la prochaine destination.

Méridien, Domino et Dynamite restent debout dans leur box volant pendant toute la durée du vol -

soit presque sept heures au total ! Charlie n'est pas autorisée à rester avec Méridien pendant le décollage et l'atterrissage. Elle est installée en haut, dans la cabine confortable située juste derrière le cockpit, qui sert aux rares passagers humains de l'Arche.

« Tu peux aller voir les chevaux maintenant. Je

sais que c'est ce que tu attends ! », dit le pilote à Charlie dès que l'avion a atteint son altitude de croisière.

« Merci mille fois ! », s'exclame Charlie avec enthousiasme alors qu'elle se précipite dans la petite échelle pour rejoindre la soute et vérifier sa précieuse cargaison.

Méridien se porte comme un charme. Pendant toute la durée du vol, il mange son foin. Domino et Dynamite ne touchent pas le leur, pour le plus grand bonheur de Méridien qui ne se prive pas d'y goûter.

Le pilote et le copilote ne sont pas habitués à accueillir des passagers humains à bord de leur avion-cargo et ils invitent Charlie à les rejoindre dans le cockpit. Charlie leur fait passer le temps en leur racontant les voyages de Méridien et le pilote l'autorise à faire des va-et-vient entre la cabine et la soute pour vérifier que Méridien va bien.

« Bon, nous allons bientôt atterrir. Tu peux rester avec nous dans le cockpit, mais tu dois attacher ta ceinture de sécurité s'il te plaît », déclare le pilote à Charlie qui s'attache avec anticipation.

Elle regarde par la fenêtre du cockpit. L'arrivée est proche. Charlie profite de vues magnifiques au côté des pilotes alors que l'avion commence sa descente sur Londres. Le soleil est sur le point de se lever et une douce lumière brille sur les jolis ponts qui traversent la Tamise. Le fleuve scintille à la lueur matinale, tout comme les rayons du London Eye.

L'Arche atterrit en douceur et roule sur la piste jusqu'à son point de stationnement. Charlie se dépêche d'aller en soute pour voir Méridien. L'atterrissage ne l'a pas du tout perturbé et il est toujours en train de mastiquer son foin. Domino et Dynamite sont bien plus agités.

Une rafale de vent froid s'engouffre dans l'avion à l'ouverture des portes de la soute. Il pleut. Et quel froid de canard ! Méridien vient d'atterrir en Angleterre pour la première fois. Le voilà de retour en Europe après de nombreuses années dans le désert.

De retour sur l'élévateur à ciseaux – *zig-zag, zig-zag* – Méridien, Domino et Dynamite sont transférés de la soute jusqu'au sol où ils montent dans un camion. Charlie et le groom volant se dirigent vers le contrôle des passeports des humains avant de rejoindre les chevaux pour le contrôle de leurs passeports.

Un vétérinaire officiel accueille Méridien et les deux chevaux de course à l'écurie de Heathrow, située dans la zone des arrivées. Tous les chiens en quarantaine près des box semblent hurler ce matin-là. Ils espèrent sûrement que les nouveaux visiteurs leur apportent le petit déjeuner. Ils font un vacarme pas possible.

En attendant les contrôles vétérinaires, Méridien fait le tour de l'écurie de l'aéroport en remuant les naseaux qui hument les nouvelles odeurs. Il fait si froid ! Charlie recouvre le dos de Méridien de sa toute nouvelle couverture orange vif pour s'assurer qu'il ne prenne pas froid. Une nouvelle expérience, car Méridien n'a jamais eu besoin d'une couverture dans la chaleur du désert.

Le vétérinaire contrôle le passeport de Méridien. Sur fond des hurlements et aboiements des chiens d'à côté, qui rendent toute conversation avec le vétérinaire difficile, Charlie est sûre de l'avoir entendu dire qu'on dirait que Méridien a bien mangé pendant le vol ! Charlie glousse discrètement et sourit à Méridien, son cheval voyageur qui accepte chaque voyage sans sourciller.

Le vétérinaire signe tous les documents nécessaires. Méridien est officiellement arrivé sur le sol anglais. Il hennit pour dire au revoir à Domino et Dynamite et se met en route vers le comté du Wiltshire avec Charlie.

Quarantaine, coin-coin et décalage horaire

Angleterre

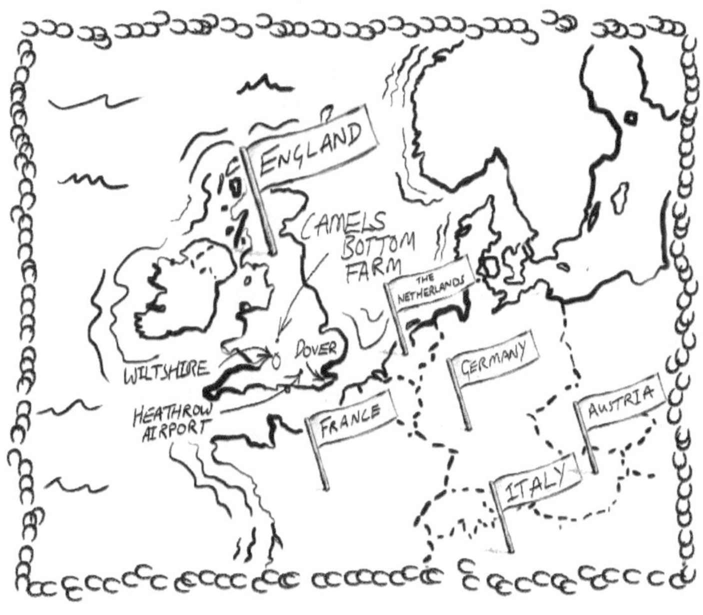

Hello! How do you do?
(« Bonjour ! Comment ça va ? » en anglais)

Méridien doit faire une quarantaine et s'isoler pendant six semaines entières après son arrivée en Angleterre. La quarantaine fait partie intégrante de la vie de globe-trotteur d'un cheval voyageur.

Pendant son isolement, il n'a pas le droit de voir d'autres chevaux, mais il se fait illico deux amis qui lui tiennent compagnie.

Devant son écurie se trouve un grand étang circulaire entouré de roseaux. Il abrite Hubert le colvert et Gaspard le canard, tous deux avec une jolie tête verte et un bec jaune vif.

On peut penser que les deux canards ont peur de Méridien qui fait figure d'un géant à côté d'eux. Mais rien ne les effraie et ils ne sont pas du tout timides.

Tous les soirs, lorsque le soleil se couche sur les écuries de quarantaine, Hubert le colvert et Gaspard le canard, à la recherche d'un endroit chaud pour dormir, se dandinent jusqu'au box de Méridien et passent sous la porte de l'écurie. Ils viennent picorer les granulés de Méridien tombés de sa mangeoire avant de se mettre à l'aise dans la paille qui n'est autre que le lit de Méridien.

Parcourir le monde est fatigant ! Le voyage d'Oman vers l'Angleterre oblige Méridien à s'habituer à un nouveau fuseau horaire, avec un décalage de quatre heures. Pendant ses premières semaines en Angleterre, Méridien a donc souvent sommeil et souffre du décalage horaire. Il passe le plus clair de son temps couché, étendu aux côtés de Hubert le colvert et Gaspard le canard qui lui tiennent compagnie. Et même si son estomac lui dit qu'il est l'heure du repas de midi, il n'est en fait que l'heure du petit déjeuner. Tout cela est bien perturbant et son estomac ne fait que gronder ! Il prend même parfois ses repas allongé (pas seulement le petit déjeuner au lit !) et doit souvent partager sa gamelle avec ses nouveaux amis qui caquettent jusqu'à ce qu'il les laisse se joindre à lui.

Dans le désert, chaque jour est rythmé par les appels à la prière, ces paroles scandées depuis la mosquée cinq fois par jour. Pour la première fois en Angleterre, Méridien entend les cloches de l'église, un ding dong qui ressemble au son de la cloche qui annonce le départ sur un parcours de saut d'obstacles. Les cloches de l'église sonnent bien plus fréquemment que l'appel à la prière : à l'heure pile et à chaque demi-heure. Elles carillonnent toute la journée. Méridien aura besoin de temps pour s'y habituer et ne plus se réveiller en pleine nuit, en rêvant qu'il participe à un concours, avant de se rendre compte qu'il est allongé dans un lit de paille tout chaud dans son box, avec Hubert le colvert et Gaspard le canard à ses côtés.

Magasin de bonbons de la Ferme des deux Bosses

Angleterre

Après la quarantaine effectuée dans le Wiltshire, Méridien et Charlie partent profiter de leur liberté retrouvée à la Ferme des deux Bosses. Malgré son nom, aucun chameau à l'horizon ! Et tant mieux, car comme Charlie l'a vu dans le désert, Méridien se méfie des chameaux !

Cette magnifique ferme située dans la campagne anglaise appartient à Édou l'agriculteur, qui porte toujours une casquette en tweed et des bottes de pluie vertes pleines de boue. Il vit dans la ferme avec Willou, son fils brillant, et ses deux labradors, Toufou et Zoulou, qui se promènent dans la propriété et jouent avec les chevaux dès qu'Édou a le dos tourné.

Willou est un cavalier chevronné et son talent a été repéré par la direction des écuries royales. Il a eu l'occasion de monter de nombreux chevaux de la Reine d'Angleterre. Casse-cou est le chouchou de Willou : un joli poney palomino dont l'ancienne mission était de tirer la calèche de la Reine.

Maintenant, c'est le brillant Willou qui le monte et le poney passe du temps avec Méridien dans la campagne anglaise.

La Ferme des deux Bosses a son propre magasin de bonbons, particulièrement prisé des chevaux. Il s'agit en réalité d'un verger, mais ce lieu est une vraie mine d'or pour les chevaux. Méridien adore ce magasin de bonbons.

Édou l'agriculteur a planté un verger d'arbres fruitiers de variétés différentes. Il passe des heures à tailler et à s'occuper des arbres. Tout ce travail acharné en vaut la peine, et lorsque la saison est venue, les arbres regorgent de fruits que Méridien peut déguster. Si une pomme ou une poire tombe non loin de Méridien et qu'il peut l'atteindre, il ne se fait pas prier pour la dérober !

Si seulement Édou l'agriculteur pouvait faire pousser des palmiers-dattiers… Ce serait le rêve de Méridien. Mais Méridien n'a pas de raison d'être nostalgique des dattes. Il en a toujours en quantité dans sa confiserie mobile et une fois ses provisions épuisées, il n'a pas à s'inquiéter car ses amis d'Abou Dhabi se chargent de le réapprovisionner. Ils lui envoient régulièrement des paquets depuis le Moyen-Orient jusqu'en Angleterre.

Pendant les mois d'été où les cerisiers produisent beaucoup de fruits, Méridien et Charlie prennent le temps de s'arrêter en dessous des arbres pendant leurs balades. Méridien reste immobile et calme pendant que Charlie se met prudemment debout sur la selle et cueille des cerises, à la manière d'une voltigeuse. Méridien s'est rapidement rendu compte que s'il reste calme, Charlie réussit à cueillir assez de cerises pour en partager avec lui. Comme pour les dattes, Charlie dénoyaute les cerises avant de les lui donner.

L'Angleterre n'a peut-être pas le climat adapté pour faire pousser des dattes, mais les cerises sont un excellent substitut et Méridien en devient fan !

Grâce au verger bien entretenu d'Édou l'agriculteur, Méridien peut ajouter des pommes, des poires et des cerises aux bonbons à la menthe, dattes, abricots et grenades déjà présents dans sa confiserie mobile.

Une flaque d'eau, un pub et un poney

Angleterre

Charlie et Willou se nouent d'amitié et partent souvent ensemble en balade sur le dos de Méridien et Casse-cou.

La route à gauche de la Ferme des deux Bosses mène vers un élevage de poules. Quelle puanteur !

Environ cinq cent mètres plus loin sur le chemin calme de campagne. la route rejoint un sentier qui longe une ferme bovine.

Pour la première fois au contact des vaches, Méridien garde ses distances, car il ne veut pas s'approcher davantage de ces étranges bêtes beuglantes.

Les vaches lui font peur, comme les monstres que son ami Hank, l'ancien cheval de course du Texas, redoutait tellement à Mascate – mais cette fois, elles sont belles et bien réelles.

« Tout va bien Méridien, je te promets que ce ne sont pas des monstres », murmure Charlie en lui caressant doucement le cou, quand soudain, il bondit en avant et passe comme une fusée devant les vaches qui beuglent. Charlie s'accroche et réussit tout juste à éviter la chute.

Après la ferme bovine, Charlie et Willou (sur le dos de Méridien et Casse-cou), sont en pleine discussion.

« Regarde cette… », commence Charlie lorsque Méridien s'arrête sans prévenir, ses sabots plantés dans le sol, l'air têtu.

Il a repéré une grosse flaque d'eau sur le chemin. Il hésite encore un peu puis recule d'un pas. Refusant de mettre ses sabots dans l'eau boueuse, il fait un grand saut au-dessus de la flaque.

Surprise, Charlie décolle de la selle et atterrit dans la flaque de boue en faisant un grand splash.

Plus loin, Méridien continue calmement sa balade, comme si rien ne s'est passé, jusqu'à ce que Casse-cou hennisse derrière lui. Il se retourne et voit Charlie assise dans la flaque d'eau, avec des éclaboussures de boue sur tout le visage.

Méridien rejoint Charlie et tend l'encolure pour toucher du museau son épaule pleine de boue.

« Comme j'allais te le dire : regarde cette énorme flaque d'eau ! », dit Charlie en riant.

Willou éclate aussi de rire en voyant que son amie n'est pas blessée, mais simplement recouverte de boue !

Au bout du chemin verdoyant se trouve un superbe pub au toit de chaume et Tom, son charmant propriétaire, est toujours ravi d'accueillir des chevaux dans le jardin de son pub. Dès que Tom entend les clipeti-clops des sabots de Méridien et Casse-cou dans la rue, il regarde par la fenêtre.

« Attendez, j'arrive ! », s'écrie-t-il.

Dans l'intervalle de temps qu'il faut à Méridien et Casse-cou pour atteindre le joli pub traditionnel au toit de chaume, un gros seau rouge rempli d'eau et un grand sac de carottes orange vif les attendent.

Voyant l'état de Charlie, Tom a aussi apporté une grande serviette pour la sécher et essayer de retirer un peu de cette boue qui la recouvre de la tête aux pieds !

Méridien peut désormais ajouter les carottes aux friandises stockées dans sa confiserie mobile - elles viennent compléter sa collection de bonbons à la menthe, dattes, abricots, grenades, pommes, poires et cerises.

*

Un jour, pendant l'une de leurs sorties à cheval,

Charlie et Willou discutent avec Tom devant le pub pendant que Méridien et Casse-cou s'amusent à s'éclabousser avec l'eau du gros seau rouge. Le *clipeti-clop* d'un autre cheval à l'approche résonne dans la rue.

Méridien et Casse-cou cessent leurs jeux et dressent les oreilles en direction du bruit des sabots.

Une jeune femme se dirige vers le pub, sur le dos d'une jument. Le cheval de couleur noisette a l'air malicieux et arbore une marque blanche sur la tête, comme celle de Méridien, mais un peu plus large. Personne ne connaît le poney ni sa cavalière.

« Amenez votre poney pour lui donner à boire et des carottes », interpelle Tom. « Venez avec nous ! »

La cavalière sourit et répond à Tom : « Ça plairait beaucoup à Sérénade, merci ! »

Charlie et Willou souhaitent la bienvenue à la

jeune femme et caressent l'encolure de Sérénade quand elle arrive à leur hauteur.

« Bonjour, je m'appelle Judy. Mes parents viennent d'acheter le pub du village d'à côté. Je suis sortie avec ma petite canaille Sérénade pour découvrir les environs. »

« Willou et Casse-cou connaissent tous les meilleurs endroits pour monter à cheval ici, et Méridien et moi-même, on adore partir explorer la région. On va te faire visiter, toi et Sérénade », dit Charlie à Judy toute contente.

Charlie, Willou et Judy deviennent inséparables.

Chaque week-end, ils partent ensemble pour de longues balades dans la campagne. Leurs rires retentissent à travers les collines lorsqu'ils se racontent des histoires drôles.

Ils font toujours une halte pour dire bonjour à Tom. Un gros seau rouge rempli d'eau et un grand sac de carottes orange vif attendent les chevaux dans le jardin du pub.

Tom est heureux de les voir, mais il sourit particulièrement à Judy et lui donne une part de son gâteau préféré, qu'il prépare pour elle tous les week-ends.

*

À plusieurs milliers de kilomètres du désert, Méridien et Charlie ont rapidement pris leurs marques dans cette nouvelle vie en plein cœur de la campagne anglaise, au côté de leurs nouveaux amis. Les paysages verdoyants contrastent avec les couleurs rouges et jaunes du désert de sable. Les deux sont magnifiques, pourtant si différents.

Mais c'est la diversité qui met du piment dans la vie ! Même si Méridien pense certainement que ce sont les dattes, ou les carottes qui pimentent sa vie !

À l'abordage !

L'Angleterre et la mer

Il souffle un nouvel air de changement. L'ÉNORME malle verte est à nouveau de sortie. Méridien quitte les vergers de friandises anglaises, les collines verdoyantes, les pubs et leurs sympathiques propriétaires. Méridien part pour un autre voyage et le trajet lui-même s'annonce épique.

L'Angleterre fait partie de l'île de la Grande-Bretagne. En général, il existe trois options pour quitter une île : l'avion, la nage ou le bateau. Méridien est arrivé en Angleterre en avion. Il ne va certainement pas partir à la nage ! Il se prépare donc à prendre le bateau.

« Fais bon voyage ma cocotte », dit Édou l'agriculteur à Charlie avec son sympathique accent de la campagne, en la serrant dans ses bras. « Reviens-nous vite. »

Willou fait un signe à travers la fenêtre de la ferme, triste en voyant son amie partir.

Méridien entre dans le camion avec son ÉNORME malle verte et ils se mettent en route.

Alors qu'ils s'éloignent de la Ferme des deux Bosses, Méridien va mastiquer du foin pendant trois bonnes heures. Ils s'arrêtent enfin. Le camion ne bouge pas et stationne ainsi pendant longtemps.

Après quelques heures, Charlie ouvre la rampe et sort Méridien du camion pour le faire marcher autour d'un grand parking. Il y a beaucoup de camions et de voitures. Les gens klaxonnent et font beaucoup de bruit. Il pleut des cordes. Au bout du parking, là où la terre rejoint la mer, les ferries flottent et se balancent de gauche à droite – un bien étrange spectacle pour Méridien.

De retour dans le camion, ils reprennent la route pour trois longues heures supplémentaires. Le camion ralentit enfin et s'arrête. Le moment est venu pour Méridien de découvrir sa nouvelle destination. La rampe s'ouvre. On entend des chiens aboyer. On dirait Toufou et Zoulou. Puis un cheval hennit bruyamment. On dirait Casse-cou. Est-il de retour à la Ferme des deux Bosses ? Le lieu et les odeurs sont plus que familiers... Existe-t-il un endroit à six heures de route qui lui ressemble en tous points ? Un endroit aux mêmes odeurs ?

Quand Méridien sort du camion, Toufou et

Zoulou accourent pour le saluer. Casse-cou trottine jusqu'au portail de son pré pour voir ce qu'il se passe et hennit en direction de son ami.

« Tu es de retour ! », crie Willou en souriant et en se précipitant à leur rencontre pour accueillir ses amis.

Ils sont bel et bien de retour à la Ferme des deux Bosses. Quel étrange voyage !

Plus tard dans la semaine, le camion repart pour un voyage de trois heures sous la pluie avant de rebrousser chemin à nouveau en direction de la Ferme des deux Bosses – c'est à n'y rien comprendre !

La météo est si mauvaise qu'à chaque fois qu'ils arrivent au port de Douvres, le ferry est annulé à cause de la tempête et de la mer agitée. Aucun bateau n'est autorisé à quitter le port.

Lors de la troisième tentative, le ciel est dégagé et il n'y a pas un brin de vent pour faire bouger les feuilles des cerisiers. Édou l'agriculteur et Willou, debout à côté de Casse-cou, disent à nouveau au revoir de la main à Méridien et Charlie. Willou espère secrètement que ses amis reviendront à nouveau dans quelques heures. Mais cette fois-ci, il n'y a aucune halte dans le parking pour se dégourdir les jambes et le voyage de Méridien prend une tournure totalement inédite pour lui.

Le filet à foin de Méridien lui est confisqué. Mais que se passe-t-il ? Méridien n'est pas content. Le camion ne bouge pas, mais lui si. Il découvre une nouvelle sensation de flottement. Méridien s'est habitué à prendre l'avion et à l'inclinaison du box volant au décollage et à l'atterrissage. Le ferry, c'est une autre histoire ! Il flotte et se sent faible sur ses pattes ! Il a faim. L'air a une autre odeur : chargée et salée. La navigation est une nouvelle expérience. Rien de négatif, mais un saut dans l'inconnu.

Le camion retrouve la terre ferme quelques temps après et reprend la route. Méridien retrouve la stabilité de ses jambes. Une sensation qu'il connaît bien… Et il récupère son foin. Tout va pour le mieux !

Ils passent par la France, son pays de naissance. C'est la première fois qu'il y retourne depuis de nombreuses années, mais aucune halte n'est prévue pour visiter.

Quand le camion ralentit et s'arrête, il fait déjà nuit. Les voilà arrivés à destination. Charlie ouvre la rampe et Méridien jette un œil dehors. Un grand canal se profile à droite. Lorsque Charlie guide Méridien pour descendre de la rampe, il hennit très fort, en espérant entendre les salutations familières de Casse-cou, mais ils ne sont pas de retour à la Ferme des deux Bosses cette fois. Un gros coin-coin sera sa seule réponse. Les hennissements de Méridien ont réveillé un groupe de canards flottant sur le canal. Mais ce n'est ni Hubert le colvert, ni Gaspard le canard. Ces canards sont bien plus gros et leurs plumes blanches se reflètent à la lueur de la lune, tandis qu'ils éclaboussent et poussent des coin-coin de surprise.

Méridien vient d'arriver dans sa nouvelle maison, au milieu des canaux et des moulins d'Amsterdam : il est aux Pays-Bas.

Une tonte ratée

Pays-Bas

Hoi!
(« Salut ! » en néerlandais)

À Amsterdam, les hivers sont froids et pluvieux. Charlie a rassemblé une belle collection de couvertures pour garder Méridien au chaud pendant les périodes où le vent souffle fort et la neige arrive.

Méridien a aussi sa propre manière de rester au chaud : à l'approche de l'hiver, sa robe lisse et satinée devient douce et douillette. Il se pare de son manteau d'hiver ! Dame Nature s'assure ainsi qu'il n'a jamais froid.

« Bon, Méridien, même si j'adore ta robe douillette, il est temps de te faire une petite coupe. Elle te tient trop chaud et te fait transpirer après les entraînements au saut d'obstacles. Je ne veux pas que tu prennes froid », dit Charlie à Méridien quand elle le sort de son box un matin.

Charlie met en marche la tondeuse pour commencer à tondre la robe toute douce de Méridien. Elle fait le bruit d'une tondeuse à gazon et chatouille Méridien, surtout sur son ventre.

« Méridien, sois sage s'il te plaît », lui demande Charlie en sachant bien qu'il n'est pas très fan de la tondeuse.

Elle se met à tondre Méridien, mais après avoir tondu une partie de son flanc, il commence déjà à piaffer d'impatience, imitant les réactions de ses amis arabes dans le désert. Il gigote tellement que Charlie ne parvient pas à rester assez proche de lui pour le chatouiller avec la tondeuse.

« Mais vas-tu donc rester tranquille ? », dit Charlie fermement à Méridien, avec une pointe de frustration.

Elle sautille de tous les côtés pour éviter que Méridien ne lui marche sur les pieds.

« Tu as gagné, on arrête pour aujourd'hui. Je crois que ce sera mieux pour nous deux ! », annonce Charlie à Méridien en éteignant la tondeuse.

Finies les chatouilles et Méridien retrouve son calme.

« Mais tu as quand même l'air un peu bizarre avec seulement une partie de ta robe tondue ! », murmure Charlie entre ses dents.

Le lendemain, Charlie monte Méridien dans le grand manège de sable intérieur Ils s'entraînent au dressage devant le miroir. C'est très pratique de s'entraîner devant la glace, car Charlie, et Méridien s'il est attentif, peuvent vérifier s'ils exécutent correctement les figures de dressage. Ce jour-là, Méridien est attentif. Il aperçoit sa silhouette dans le miroir et s'arrête soudainement de son petit galop. Charlie s'accroche et parvient tant bien que mal à rester en selle. Il vient d'apercevoir sa tonte à moitié terminée et clairement, cela ne lui plaît pas vraiment.

Charlie rit : « Je te l'avais dit Méridien ! Promis, on trouvera un moyen d'y remédier demain. »

Le lendemain, Charlie va voir **Méridien** dans son box. « Aujourd'hui, on doit vraiment rectifier cette terrible tonte Méridien. Mais **ne t'en fais** pas, j'ai une idée. »

Avant de quitter le Moyen-Orient, le gentil vétérinaire argentin a donné à Charlie le délicieux médicament au goût de datte en lui disant qu'elle pouvait l'utiliser quand Méridien a peur et qu'il a besoin de se calmer.

Elle fouille dans l'ÉNORME malle verte et en sort le flacon de ce médicament spécial pour en verser un peu dans le creux de sa main.

« Méridien, regarde ! C'est ton médicament favori », dit-elle en tendant la main vers lui.

Méridien hoche la tête dès que l'effluve sucrée lui parvient aux naseaux. Il tend l'encolure pour atteindre la main de Charlie et mange tout en un éclair.

Le gentil vétérinaire argentin avait raison : le médicament a un effet presque magique. Même si Méridien entend toujours la machine qui chatouille, elle ne semble plus le déranger.

Charlie s'occupe alors de corriger la terrible tonte à moitié terminée et plutôt embarrassante. Méridien retrouve toute son élégance.

Sophie

Pays-Bas

C'est à Amsterdam que Méridien rencontre Sophie.

Sophie passe tous les jours en vélo devant l'écurie après l'école.

Aux Pays-Bas, tout le monde fait du vélo. Il y a plus de vélos que de personnes. Sophie aime bien faire du vélo, mais ce qu'elle veut vraiment, c'est monter à cheval. Elle a envie de monter Méridien, le grand cheval alezan à la belle liste (impossible de nier que lorsque le soleil brille sur la robe dorée de Méridien, elle prend une couleur orange vif). Elle le voit tous les jours dans le pré près du canal quand elle passe en vélo. Elle s'arrête à chaque fois pour lui faire une caresse dans sur l'encolure et lui frotter affectueusement le chanfrein. Méridien en vient à attendre les visites de Sophie.

L'orange est la couleur favorite de Sophie et elle porte toujours quelque chose d'orange. C'est la couleur de Méridien et la couleur de la famille royale, la Maison d'Orange. Quand elle sera grande, Sophie veut devenir princesse, une princesse de la Maison d'Orange.

Aux Pays-Bas, une grande fête est organisée

chaque année pour l'anniversaire du roi et le pays tout entier prend un jour de congé. On appelle ça le Jour du Roi. Dans le cadre des festivités, une procession a lieu à La Haye, ville de la Maison d'Orange. Cette année, l'école de Sophie organise un concours en l'honneur du Jour du Roi. L'élève qui trouve l'idée la plus originale et la plus géniale pour représenter la Maison d'Orange a le droit de venir à l'anniversaire du Roi et de participer à la procession. Les princesses de la Maison d'Orange et les membres de la famille royale de toute l'Europe seront de la fête.

Sophie a une idée et elle est convaincue de remporter le concours.

Ce jour-là, alors qu'elle rentre de l'école en vélo, elle répète le discours qu'elle a préparé et qu'elle va faire une fois à l'écurie. Elle sait ce qu'elle doit dire. Elle doit simplement trouver la bonne personne à qui parler.

Sophie est très stressée, mais elle rassemble tout son courage.

Elle s'arrête au bord du pré de Méridien et descend de son vélo. Elle le gratouille affectueusement sur le front. « Souhaite-moi bonne chance ! », lui murmure-t-elle.

Elle reprend son vélo qu'elle avait laissé sur

l'herbe à côté ; Méridien se tourne et regarde Sophie
qui marche en direction de l'écurie pour la première

fois.

Charlie, qui se dirige vers le paddock depuis

l'écurie, l'appelle d'une voix stridente : « Méridien, Méridien, viens ici mon loulou ! »
Il vient vers elle au trot et s'arrête à la barrière.

Presque arrivée à la barrière, Charlie est prête à accueillir Méridien qui hennit doucement pour lui dire bonjour. Puis elle aperçoit du coin de l'œil une fille aux cheveux blonds et bouclés. Elle ne la connaît pas.

« Puis-je t'aider ? », demande Charlie.

« Je m'appelle Sophie. Je cherche le ou la propriétaire de ce magnifique cheval orange. Il est tellement gentil. Je voudrais lui demander si je peux aller avec lui à la procession du Jour du Roi. C'est pour un concours à l'école. Je pense que ce serait super d'emmener un cheval orange pour représenter la Maison d'Orange ! », explique Sophie à Charlie, en parlant à cent kilomètres à l'heure.

Charlie sourit. Elle va vers Méridien et fait signe à Sophie de la suivre.

« Eh bien, Sophie : tu as trouvé la bonne interlocutrice », répond Charlie à la petite fille aux cheveux blonds et bouclés. « Et bien sûr, ce serait fabuleux que Méridien exhibe sa plus belle robe orange devant la Maison d'Orange. Quelle excellente idée ! »

« Génial, merci du fond du cœur », s'exclame

Sophie. « Je dois d'abord le dire à mes profs, mais je suis sûre que monter un cheval orange à la procession du Roi d'Orange le jour de son anniversaire sera l'idée la plus géniale et la plus originale. Je suis convaincue qu'on va gagner le concours. Je reviendrai demain après l'école et je te dirai la réponse. »

Le lendemain à l'école, Sophie expose son idée à ses profs et à la fin des cours ce jour-là, elle est déclarée gagnante. Elle enfourche son vélo et pédale aussi vite que possible jusqu'à l'écurie.

Charlie est en train de panser Méridien quand elle voit Sophie arriver à toute vitesse sur le chemin.

« Est-ce que ça veut dire que l'on peut aller à la fête ? », demande-t-elle à Sophie qui s'approche.

« Oui ! On a gagné ! », annonce Sophie en posant son vélo contre la clôture du paddock et en sautillant jusqu'à Méridien et Charlie.

Toutes excitées, elles rient en câlinant Méridien. Charlie promet à Sophie qu'elle pourrait le monter un jour, mais explique que pour le moment, elle n'a pas assez de temps pour lui apprendre avant le Jour du Roi qui aura lieu dans quelques semaines à peine. Elles se mettent donc d'accord : Charlie montera Méridien lors de la procession du Jour du Roi et Sophie marchera fièrement à côté de Méridien.

Le jour de la procession, Sophie arrive tôt le matin pour aider à préparer Méridien. Elle aide Charlie à le laver, le panser et à le faire beau pour qu'il soit sous son meilleur jour. Méridien doit être à la hauteur du standing royal. Il n'a pas le choix, car il va rencontrer le Roi d'Orange.

Le voyage se fait en camion jusqu'à La Haye. Pendant le trajet, Charlie raconte à Sophie certaines des aventures de Méridien au cours de son voyage autour du monde. Elle lui dévoile aussi sa passion pour les friandises, l'existence de sa confiserie mobile et son penchant pour les dattes, son aliment préféré.

La procession a lieu sur la grande place en face du palais, lieu de résidence du roi. La fête est grandiose. Un groupe joue de la musique. Tout le monde porte une tenue orange. Même les chiens qui sont venus à la fête avec leurs maîtres portent une sélection de colliers, nœuds et rubans orange. Mais Méridien est le seul cheval. L'idée de Sophie est bel et bien unique.

Sophie n'oubliera jamais cette journée. Un moment magique. Elle voit tous les membres de la famille royale et toutes les princesses, avec leurs jolis diadèmes et leurs bijoux étincelants. Elle a conscience d'avoir de la chance d'être là. C'est son idée brillante et Méridien qui lui ont permis de réaliser son souhait.

Le Roi d'Orange, qui porte une cravate orange vif, distribue des poignées de mains dans la foule. Puis il se présente devant Méridien. Il met la main dans sa poche et en sort une orange (évidemment !).

« Puis-je donner une orange à ce magnifique cheval orange ? », demande le Roi.

« Joyeux anniversaire Votre Majesté, et avec plaisir », répond poliment Charlie.

« Je suis certaine que Méridien appréciera cette orange », dit Sophie l'air assuré en levant les yeux vers le Roi d'Orange. « Mais il préfère les dattes. Les dattes d'Abou Dhabi ! »

Le Roi d'Orange rit et remercie Sophie de cette information spéciale.

Méridien a gagné une orange et hoche la tête pour montrer qu'il apprécie cette nouvelle friandise. Une chose est sûre, les oranges seront ajoutées à sa confiserie mobile.

La confiserie mobile de Méridien contient désormais des bonbons à la menthe, dattes, abricots, grenades, pommes, poires, cerises, carottes et oranges.

En plus de l'orange, Méridien reçoit un cadeau spécial de la Maison d'Orange : un remerciement au cheval français qui est venu participer à ses festivités. Il s'agit d'une toute nouvelle couverture. La couverture arbore le design d'une lettre par avion avec un grand drapeau néerlandais dessus, le cadeau idéal pour un globe-trotteur. Depuis ce jour, la couverture au design d'une lettre par avion néerlandaise accompagne toujours Méridien dans ses voyages, rangée dans son ÉNORME malle verte.

Méridien quitte les Pays-Bas quelques mois après le Jour du Roi, mais Charlie s'est assurée que Sophie puisse le monter de nombreuses fois avant de repartir vers leur prochaine destination.

Jusqu'à aujourd'hui, Sophie écrit toujours des lettres à Méridien. Et elle les envoie toujours par avion.

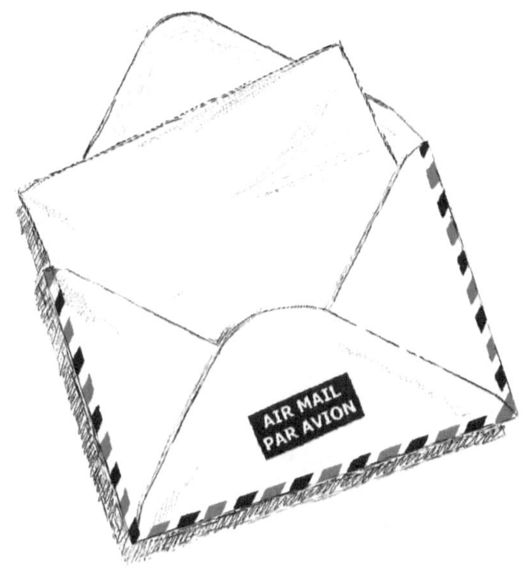

Plus de friandises et de la musique

Autriche

Grüß Gott !
(on dit 'Gruss Gott' –
salutation typique en Autriche)

Cette fois-ci, pas de bateau qui tangue sur l'eau, c'est par la route et à bord du camion que Méridien et Charlie font le voyage depuis Amsterdam jusqu'à Vienne, la capitale de l'Autriche. La nouvelle maison de Méridien se trouve en bordure de la célèbre forêt viennoise.

Une fois installés, Charlie et Méridien partent pour de longues balades en forêt et dans les champs des alentours. Tous deux découvrent ce nouvel environnement. Le duo trotte à travers les hauts champs de maïs. Méridien est très grand, mais les plants de maïs le dépassent, et quoi qu'il fasse, il ne parvient pas à voir au-dessus. Il parcourt les allées étroites entre les plants avec Charlie sur son dos – il se croit dans un labyrinthe ! Charlie cueille alors au passage des

épis de maïs et les met dans ses poches. Une fois sorti du labyrinthe végétal, sachant que Charlie prend toujours des épis de maïs pour lui, Méridien trottine joyeusement sur le chemin du retour, en pensant à la récompense jaune et sucrée qui l'attend à l'arrivée.

Les autres chevaux de l'écurie de Vienne aiment déguster une autre friandise longue, jaune et sucrée : les bananes ! Méridien, toujours prêt à tester de nouvelles friandises, goûte une banane mais la recrache aussitôt ! Sa confiserie mobile est désormais remplie de bonbons à la menthe, de dattes, d'abricots, de grenades, de pommes, de poires, de cerises, de carottes, d'oranges et d'épis de maïs – mais pas de bananes !

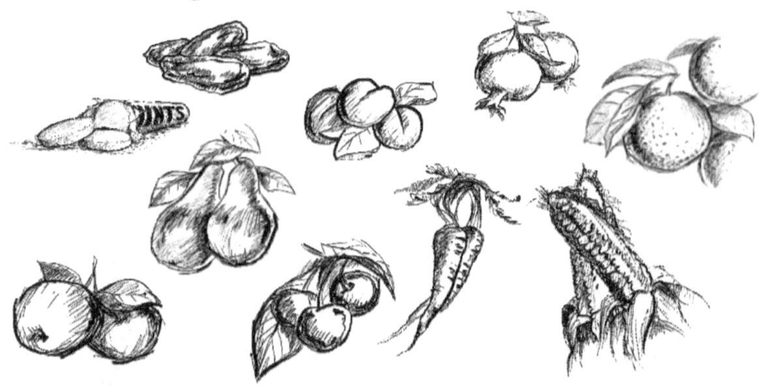

Par une belle matinée, Méridien et Charlie décident de partir tôt en direction des hauteurs et de la forêt dense derrière la ville de Vienne. En trottant avec vigueur, les oreilles de Méridien se dressent.

« Toi aussi, tu entends la musique, hein ? », dit Charlie à Méridien. « Écoutons d'où ça vient. »

Méridien et sa cavalière suivent la mélodie. Le son devient plus fort et Méridien commence à trottiner en rythme.

« Tu crois que c'est un concours ? C'est pour ça que tu t'agites tout à coup ? », demande Charlie, en riant devant l'enthousiasme soudain de Méridien.

Ils suivent le chemin sinueux jusqu'à une clairière dans la forêt. Il y a plein de monde. Au cœur de la foule, une grande fanfare joue la musique qu'ils ont entendue de loin. Des instruments luisants de différentes tailles brillent à la lumière du soleil qui perce dans la clairière. C'est un orchestre de musique oumpapa : *oum-pa-oum-pa-oum-pa-pa !* Des hommes vêtus de pantalons de cuir traditionnels et des femmes en dirndl (robe traditionnelle autrichienne) dansent et rient. Méridien se joint à la fête et danse au son de la

musique autrichienne. Il profite d'un vrai tour du monde culturel !

Méridien se met à hennir lorsque deux chevaux arrivent en caracolant vers la foule depuis le côté opposé de la clairière. Ce sont Yin et Yang. Yin, noir comme l'ébène, et Yang, blanc comme la neige – les deux chevaux de voltige américains qui partageaient l'écurie avec Méridien à Mascate. Ils hennissent en retour à l'intention de Méridien, car ils le reconnaissent immédiatement, lui et son hennissement.

La foule se range du côté de l'orchestre folklorique pour laisser le passage aux chevaux. Yin et Yang commencent leur spectacle au rythme de la musique : *oum-pa-oum-pa-oum-pa-pa* !

Des cavaliers et cavalières en tenues brillantes et à paillettes surgissent de derrière la foule et sautent sur les chevaux qui se déplacent au petit trot en cercle et au rythme de la musique, de manière parfaitement synchronisée.

Une annonce retentit au haut-parleur : « Sous vos applaudissements, bienvenue à Mo et Meriem, les jumeaux de Mascate à l'incroyable talent! »

Il s'agit du frère et de la sœur de la petite Lina !

Le public captivé commence à applaudir, à acclamer les artistes vêtus de sequins puis à s'exclamer de surprise lorsque Mo et Meriem font l'équilibre, des saltos arrières et toutes sortes d'acrobaties sur le dos des chevaux au petit trot.

Méridien et Charlie regardent le spectacle et un jeune garçon autrichien vêtu d'un pantalon en cuir vient vers eux en courant.

« Je m'appelle Hans », dit-il. « Est-ce que tu

vas aussi faire des acrobaties avec ton superbe cheval à la large liste ? », demande-t-il à Charlie.

Charlie éclate de rire.

« Pas aujourd'hui », répond-elle. « On était en train d'explorer la forêt et on a suivi le son de la musique. Méridien est un cheval de saut d'obstacles, pas un cheval de voltige comme Yin et Yang là-bas. »

Hans reste auprès de Méridien et Charlie pendant qu'ils regardent les acrobaties et il est aux petits soins pour Méridien. Il lui caresse l'encolure et lui fait des gratouilles. Méridien aime l'attention et pousse du museau l'épaule de Hans en signe d'appréciation.

Une fois que Yin, Yang, Mo et Meriem ont fini leur spectacle, Hans se tourne vers Charlie et demande comment s'écrit le nom de Méridien. Charlie lui répond et le garçon s'en va précipitamment.

Charlie guide Méridien vers ses vieux amis d'Oman. Ils étaient aussi surpris et ravis de la voir avec Méridien, ici au beau milieu de la forêt viennoise, loin de leur dernier lieu de rencontre à Mascate.

« Est-ce que la petite Lina est avec vous ? », demande Charlie à Mo et Meriem, toute contente à l'idée de revoir sa bonne amie, et de pouvoir peut-être partager d'autres promenades à cheval avec elle.

« Non, elle est partie aux États-Unis pour s'entraîner à devenir jockey, mais prenons un selfie pour lui envoyer. Je sais qu'elle aurait été si heureuse de te voir », répond Mo en attrapant son téléphone et en tendant le bras le plus loin possible pour s'assurer que Méridien, Yin et Yang sont bien dans la photo.

« Envoie-lui un texto et dis-lui qu'on lui rendra visite un jour », dit Charlie aux jumeaux, en jetant un œil à Méridien pendant qu'elle planifie déjà un nouveau voyage dans sa tête.

Hans revient les voir en courant, avec quelque chose à la main. Le sourire jusqu'aux oreilles, il brandit l'objet pour le faire voir à tout le monde : un grand biscuit de pain d'épices en forme de cœur recouvert de glaçage.

Les lettres M-E-R-I-D-I-E-N sont écrites au milieu en orange – un orange vif comme Méridien !

Hans est si heureux d'offrir ce souvenir traditionnel à Méridien qu'il ne remarque pas que Méridien renifle le biscuit et croque un gros bout délicieux ! Méridien hoche la tête pour montrer son contentement et Hans qui rit, le laisse manger le biscuit tout entier. Charlie rit aussi, parce que c'était du Méridien tout craché de vouloir goûter à une nouvelle friandise.

Une fois le biscuit souvenir entièrement consommé, Charlie dit au revoir à Mo, Meriem et Hans avant de repartir en direction de la forêt et de la maison. Méridien hennit pour faire ses adieux à Yin et Yang, ses deux amis voltigeurs.

Même si Méridien a beaucoup apprécié cette nouvelle friandise, Charlie ne veut pas qu'il mange du pain d'épices tout le temps, donc cette friandise restera dans ses souvenirs gustatifs et ne viendra pas compléter sa confiserie mobile !

Rugissements et ronflements

Autriche

Dans tous les pays que Méridien a eu la chance de visiter et d'explorer, il y a toujours de nouveaux bruits, certains sont agréables et d'autres font peur. À Abou Dhabi, il y avait l'appel à la prière, en Angleterre les cloches de l'église et le beuglement effrayant des vaches. Partout où Méridien se rend, il y a toujours un bruit qu'il entend pour la première fois.

En Autriche, le son de l'orchestre d'*oumpapa* dans la forêt est amusant et lui rappelle la musique qu'il apprécie pendant les concours.

Mais il y a aussi des sons effrayants en Autriche. Le village près de son écurie teste l'installation sonore de la sirène d'alerte une fois par mois le samedi matin, en cas d'avertissement à la population du village lors d'une urgence. Cela commence doucement comme un appel à la prière : un doux gémissement. Puis le son devient plus fort et plus perçant. Méridien, agité, fait alors les cent pas dans son box pendant que l'alarme retentit. Une fois que la sirène s'arrête et que le calme est revenu, il s'apaise et se remet à manger tranquillement son foin. Heureusement, cela ne se produit pas cinq fois par jour comme l'appel à la prière ou toutes les heures et demi-heures comme les cloches de l'église.

Il y a aussi des bruits de la nuit, des bruits plutôt effrayants. La nuit, Méridien se couche toujours pour dormir. Il aime se mettre à l'aise pour passer la nuit. Fifi, le chat de l'écurie, son nouvel ami, se blottit à ses côtés dans la paille. Et parfois il est réveillé brusquement. Réveillé par un gros BANG, puis un FLASH. Fifi, étonnée, prend la fuite et Méridien se lève immédiatement. C'est comme si quelqu'un allume puis éteint les lumières. Puis vient un autre BANG ! CRAC ! Un rugissement ? Y a-t-il des pumas à Vienne ? Tous les chevaux sont ahuris, les yeux écarquillés et leurs sens en alerte ; ils s'agitent dans leur box. Parfois, les pétarades et les éclairs durent pendant des heures. Méridien ne peut pas dormir dans ce bruit et cette agitation et ne sait pas ce que c'est.

Ce n'est pas un défilé de pumas rugissant à l'extérieur de l'écurie, c'est simplement un orage. Méridien n'a jamais rien connu de tel. L'inconnu fait peur, mais une fois l'orage passé, il se recouche et oublie ses craintes. Fifi le chat de l'écurie (c'est bien un chat et non un puma !) le rejoint et tous deux se blottissent avant de se rendormir. Un son qui ressemble à un rugissement, mais plus doux, se fait toujours entendre. C'est Méridien qui ronfle ! Méridien ronfle toujours dans son sommeil. Mais le doux grondement des ronflements de Méridien n'empêche pas les autres chevaux de dormir et berce Fifi le chat de l'écurie, qui s'endort profondément et s'évade dans le royaume des rêves.

Des pouvoirs magiques ?

Allemagne

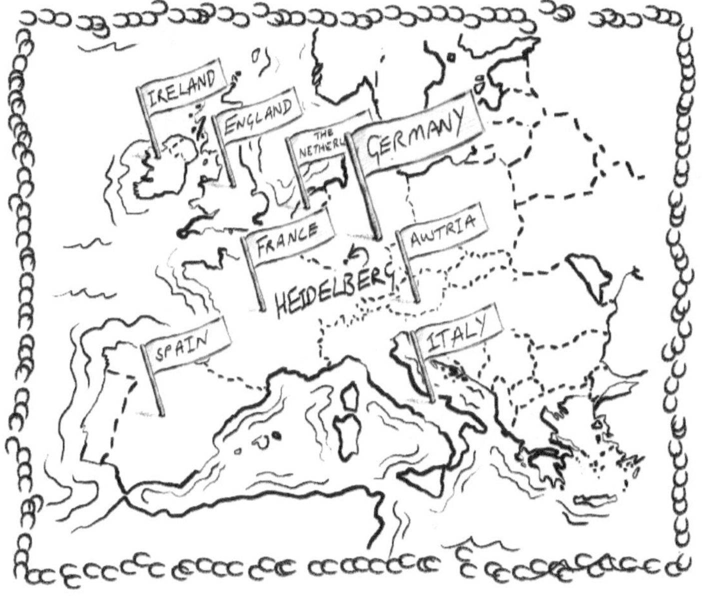

Guten Tag!
(« Bonjour » en allemand)

Un nouveau voyage en camion les amène jusqu'en Allemagne. Les voilà à Heidelberg, magnifique ville universitaire au bord de la rivière Neckar. Cette ville empreinte de traditions et d'histoire, surplombée par son magnifique château niché sur la colline au-dessus de la vieille ville médiévale, accueille la nouvelle maison de Méridien.

Pour la toute première fois, Méridien a un box avec son propre jardin privé. Il peut entrer et sortir comme il le souhaite. C'est un vrai luxe.

Comme à son habitude, Méridien se fait rapidement de nouveaux amis. Son meilleur ami à Heidelberg est un ancien cheval de course bai de grande taille, à la crinière et à la queue noires brillantes. Il s'appelle Ticket et vient d'Irlande. Ticket et Méridien se voient depuis leur propre box et ils se rencontrent dehors, prennent soin l'un de l'autre et jouent à travers la clôture dans leurs petits jardins privés.

Une fois que l'été a laissé place à l'automne et que le temps se rafraîchit, Méridien aperçoit Charlie dans son box, munie d'un escabeau et d'une boîte à outils.

« Attention ! Méridien, recule ! Je dois accrocher ce rideau entre ton box et le jardin. Cela va empêcher le vent froid et la neige de pénétrer », explique Charlie à Méridien.

Méridien se tient à l'écart des bruits de coups et de marteau de Charlie qui se trouve en haut de l'escabeau pour accrocher le rideau de plastique transparent.

« Ticket en a un aussi. Et regarde comme il peut toujours entrer et sortir. Voilà, super ! », dit Charlie pour encourager Méridien qui explore le nouveau rideau.

En effet, Ticket continue d'entrer et de sortir de son box pour aller dans le jardin et revenir. Mais Méridien ne peut plus aller voir Ticket quand il est dehors. Il est coincé à l'intérieur, derrière son rideau. Frustré, le voilà qui fait des allers-retours dans son box. Il a envie de jouer dehors avec Ticket. Mais il ne peut plus sortir. Il ne peut pas passer à travers le rideau. Ou peut-être que si ?

Il se lève et observe Ticket qui sort en passant à travers le rideau. Est-ce que c'est de la magie ?

Certaines nuits de pleine lune, Méridien aperçoit une fée vêtue d'une cape rose et munie d'une baguette magique argentée pénétrer dans l'écurie et saupoudrer de la poussière d'étoiles sur quelques-uns des chevaux de l'écurie. Après avoir saupoudré sa poussière magique, elle disparaît au clair de lune sans laisser de trace. Méridien n'a jamais vu de poussière d'étoiles dans son box, mais il a déjà vu Ticket se faire envelopper de poussière d'étoiles pailletée. Peut-être que Ticket a reçu des pouvoirs magiques qui lui permettent de traverser le rideau ?

Est-ce que Méridien a besoin lui aussi de cette poussière d'étoiles pour avoir des pouvoirs magiques ? Il arrive à voir un peu à travers le rideau et il parvient tout juste à sortir son museau. Comment Ticket arrive-t-il à le traverser ? Méridien pousse le rideau du museau. Le rideau lui retombe dessus et le surprend. Il fait un bond en arrière. Ayant très envie de rejoindre Ticket dehors, il pousse à nouveau le rideau du museau, en y mettant plus de force cette fois-ci. Le rideau revient encore plus fort contre son museau. Quelle frustration !

Soudain, Méridien fait un bond. Un vrai saut, mais aussi un saut dans l'inconnu.

Ticket est surpris de voir son ami traverser le rideau en poussant un hennissement de joie !

Peut-être que Méridien a des pouvoirs magiques après tout ? Et qu'il n'a pas besoin de poussière d'étoiles comme les autres chevaux.

Amies pour la vie

Allemagne

Presque tous les matins, une fille appelée Johanna, s'assoit dans le coin du box de Ticket. Elle reste assise, fait briller sa selle et parle à Ticket. Bien sûr, elle parle aussi à Méridien maintenant qu'il est installé à côté. Charlie et Johanna deviennent amies et aiment partir ensemble sur le dos de Méridien et Ticket et se promener le long de la rivière et à travers les champs situés derrière la ville. Il y a des  grands champs de maïs, comme à Vienne. Aucun doute : la confiserie mobile de Méridien reste bien approvisionnée en épis de maïs !

Un jour, tôt le matin, les filles partent avec Méridien et Ticket et tournent à droite. Pas à gauche. D'habitude, elles vont à gauche. Les chevaux trottinent gaiement ; ils ont hâte d'explorer ce nouveau trajet. C'est le chemin qui longe la rivière en direction du château.

Comme il est encore tôt, il n'y a pas grand

monde : quelques personnes qui promènent leurs chiens et quelques adeptes du jogging. Méridien et Ticket ont presque le chemin pour eux tout seuls.

Lorsque le chemin s'élargit, les deux compères font la course côte à côte pour s'amuser. Ravis de découvrir ce nouvel endroit, ils frétillent d'excitation et agitent leurs naseaux pour humer toutes les nouvelles odeurs. Plus ils se rapprochent de la ville, plus le château paraît imposant, perché en haut de la colline. Puis le chemin se rétrécit à nouveau. L'eau de la rivière déborde sur ce qui devient un chemin de halage. Méridien n'aime toujours pas se mouiller les pieds. Il n'a pas envie de tremper ses sabots dans l'eau et saute au-dessus de toutes les flaques.

Ils continuent jusqu'au superbe pont médiéval, qu'ils commencent à traverser pour rejoindre la route qui mène jusqu'au château. *Clipeti-clop* – ils traversent le pont au trot. Soudain, Méridien tressaille. Il se passe quelque chose d'inhabituel. Charlie halète, à bout de souffle. Elle tombe en avant sur l'encolure de Méridien, les bras ballants de chaque côté. Méridien ralentit la cadence très doucement jusqu'au pas, avec Ticket à ses côtés.

Johanna voit Charlie s'effondrer sur l'encolure de Méridien et crie de toutes ses forces : « Mon amie ne va pas bien ! À l'aide ! Venez aider Charlie ! »

Les chevaux s'arrêtent. Méridien tend son encolure pour tourner la tête et toucher Charlie,

mais elle ne réagit pas.

Un grand jeune homme arrive en courant.

Méridien ne bouge pas. L'homme fait glisser Charlie du dos de Méridien et la prend pour l'allonger par terre. Elle ne respire plus. Méridien hennit pour l'appeler et agite ses naseaux. L'homme tente de réanimer Charlie sous le regard désespéré de Johanna et des chevaux.

Johanna a appelé une ambulance. Le hurlement de la sirène se fait entendre au loin. Le son s'amplifie. Il se rapproche. Le véhicule arrive déjà sur le pont, avec les feux bleus clignotants des sirènes.

Méridien hennit à nouveau – un hennissement de détresse cette fois, et non son doux hennissement habituel. En l'espace de quelques minutes, l'équipe paramédicale emmène Charlie dans l'ambulance.

Johanna est en état de choc et s'inquiète pour Charlie. En plus elle a un problème et réfléchit à une solution : elle doit ramener les deux chevaux sains et saufs à l'écurie. Le chemin du bord de la rivière est étroit, trop étroit pour deux chevaux qui marchent côte à côte.

« Johanna, que se passe-t-il ? Est-ce que ça va ? », s'écrie une voix familière.

C'est Laura, l'amie d'écurie de Johanna et Charlie.

« Je fais ma balade matinale le long de la

rivière. J'ai vu les chevaux sur le pont et j'ai entendu l'ambulance. Où est Charlie ? », demande Laura, inquiète.

Johanna n'a jamais été aussi contente de voir Laura, un visage familier, présent quand elle en a le plus besoin.

« Peux-tu m'aider à ramener les chevaux à la maison en sécurité ? », demande Johanna à son amie. « Je vais te raconter ce qu'il s'est passé sur le chemin. »

Sans hésiter, Laura prend les rênes de Méridien et monte sur la selle.

Les deux amies inquiètes et les deux chevaux perturbés repartent le long de la rivière pour rejoindre l'écurie le plus vite possible. Sur la route, Johanna raconte le déroulé de la matinée à Laura et explique que l'ambulance a emmené Charlie à l'hôpital.

Une fois de retour à l'écurie, Laura s'occupe de Méridien et Ticket et Johanna se précipitent à l'hôpital. Les médecins expliquent que Charlie est entre de bonnes mains et qu'on l'appellera quand elle sera en mesure d'avoir de la visite.

Après l'incident du pont, quelques jours s'écoulent avant que Charlie se réveille. Elle ouvre lentement les yeux. Elle est perdue. Elle ne reconnaît pas son environnement. Tout est blanc et médical et il y a une forte odeur de désinfectant.

Elle entend une voix dans le couloir.

« Chambre n° 11. Voici Charlie. Elle est arrivée en ambulance il y a cinq jours. Elle a fait un arrêt cardiaque sur le dos de son cheval et un inconnu lui a porté rapidement secours. Elle a beaucoup de chance », dit la voix depuis le couloir.

Charlie ne se souvient pas de cet inconnu. En réalité, elle ne se souvient pas de grand-chose.

« Comment va-t-elle maintenant ? » Charlie entend une voix différente qui pose la question.

« Elle va très bien. Elle vient de se réveiller d'un sommeil profond et son cœur fonctionne à nouveau normalement », dit la première voix.

« Allons voir la patiente », propose la première voix.

Quelqu'un frappe à la porte et les deux médecins en blouse blanche s'approchent du lit de Charlie.

« Je suis le docteur Battement et voici ma collègue le docteur Cœur, comment vous sentez-vous ? »

Charlie est très fatiguée, trop fatiguée pour parler, donc elle se contente de cligner des yeux et essaie de sourire aux médecins.

« Repose-toi Charlie, tu es en train de guérir. On reviendra pour vérifier comment tu vas plus tard », dit le docteur Cœur, et ils sortent en fermant la porte de la chambre derrière eux.

Une fois les docteurs Battement et Cœur partis, Charlie se rendort. À son réveil, elle se sent toujours faible, mais elle trouve assez de force pour tourner la tête vers la lumière qui pénètre dans sa chambre d'hôpital à travers la fenêtre. Est-elle en train de rêver ? Est-ce Méridien derrière la fenêtre ? Accompagné de Ticket ?

Puis par la fenêtre, elle entend une voix qui l'appelle de l'extérieur.

Elle reconnaît cette voix. C'est la voix forte qui a appelé à l'aide sur le joli vieux pont. Les souvenirs remontent... C'est son amie Johanna dont la voix qui porte lui a sauvé la vie.

Johanna a supplié les docteurs Battement et Cœur de pouvoir être là quand Charlie se réveille. Et pas toute seule : elle voulait être là avec les chevaux. Elle sait que ce sera le meilleur remède pour que Charlie se rétablisse vite. Elle sait aussi qu'elle peut faire confiance à Laura pour l'aider à emmener les chevaux jusqu'à l'hôpital.

Johanna ouvre la fenêtre depuis l'extérieur. Poussés par la curiosité, les deux chevaux approchent leur museau de la fenêtre. Méridien et Ticket hennissent tous les deux doucement. Le son parvient jusqu'à Charlie sur son lit d'hôpital et son visage s'illumine d'un grand sourire.

Après cette première visite, Charlie attend tous les jours le *clipeti-clop* au loin. Elle entend les chevaux trotter le long de la route jusqu'à ce qu'ils s'arrêtent à la fenêtre de sa chambre d'hôpital pour lui souhaiter un bon rétablissement. Laura monte Méridien et Johanna monte Ticket.

Charlie se remet rapidement sur pied ; elle est prête à quitter l'hôpital. Peu de temps après, elle peut aussi se remettre en selle. Elle doit sa guérison au personnel médical et infirmier et aux amis incroyables à deux ou quatre jambes, qui se sont occupés d'elle.

Heidelberg gardera toujours une place spéciale dans le cœur de Charlie et de Méridien. Un lieu où se sont créés des liens d'amitié qu'ils n'oublieront jamais.

*

Charlie est triste lorsqu'il est temps de quitter Heidelberg, mais l'ÉNORME malle verte est prête, et le départ pour son prochain voyage avec Méridien est imminent.

« Donne-nous des nouvelles », dit Johanna à Charlie en la serrant dans ses bras pour lui dire au revoir.

« Vous allez tant nous manquer, toi et Méridien », ajoute Laura. « Et surtout, prends bien soin de toi. »

« On retourne simplement en Angleterre cette fois. Ce n'est pas si loin. Vous devriez nous rendre visite à la Ferme des deux Bosses », lance Charlie à ses amies. « On vous attend de pied ferme ! »

« On viendra, promis ! » répondent Johanna et Laura en chœur.

« Je ne vous remercierai jamais assez, mais merci, merci, merci ! », insiste Charlie en les serrant dans ses bras chacune leur tour.

Méridien et Ticket se saluent en hennissant lorsque Méridien et Charlie se mettent en route vers le nord, direction l'Angleterre par le ferry. Aucune tempête à l'horizon cette fois ! La traversée s'est faite sans encombre jusqu'au port de Douvres.

Ils retrouvent le cadre familier de la Ferme des deux Bosses, Édou l'agriculteur, son fils Willou, l'ami de Charlie, Casse-cou, le cheval de Willou et les deux labradors Toufou et Zoulou.

La clinique

Angleterre

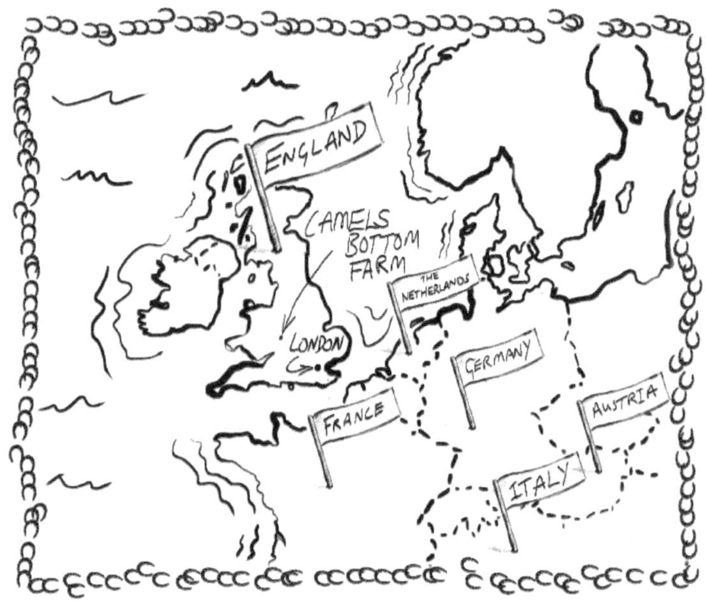

Hello again! (« Rebonjour ! » en anglais)

Un jour, par une fraîche matinée printanière à la Ferme des deux Bosses, Méridien est brûlant, malgré l'air froid. Il a chaud et il transpire. Il n'est pas comme d'habitude. Il est agité dans son box. Il a un gros filet à foin à sa disposition, mais il n'y touche pas. Quelque chose le dérange et lui donne mal au ventre. Il bouge pour essayer d'y échapper, sans savoir d'où vient sa gêne. Mais rien n'est efficace : ni ses étirements, ni ses mouvements. Si seulement la fée de Heidelberg à la cape rose et à la baguette magique argentée pouvait venir à son secours avec de la poudre d'étoiles qui lui permettrait d'aller mieux ! Le gentil vétérinaire argentin et son délicieux médicament au goût de datte qui l'a toujours guéri serait aussi le bienvenu ce matin-là. Méridien ne voit ni la fée, ni le vétérinaire.

Toufou et Zoulou ont dormi à leur endroit habituel sur les ballots de paille juste devant le box de Méridien et sont réveillés par ses grognements et son agitation. Ils sentent que quelque chose ne va pas et se mettent à aboyer. Toufou part en courant vers la ferme. Zoulou reste auprès de Méridien et grogne doucement. Il ne comprend pas bien et s'inquiète, car Méridien est toujours si calme en temps normal.

Toufou revient vite dans la cour de l'écurie, suivi d'Édou l'agriculteur et de Willou. Charlie leur emboîte le pas, toujours en pyjama. Il leur suffit d'un coup d'œil à Méridien pour comprendre qu'il y a un problème. Méridien a l'air perturbé. Il refuse de manger, et c'est bien la première fois. Il a perdu son éclat et sa brillance. Sa robe alezane d'ordinaire chatoyante est terne et la couleur orange est moins vive.

Charlie est contrariée et inquiète. Portable en main, elle parle déjà à la vétérinaire. Ce n'est pas le gentil vétérinaire argentin, car il se trouve à des milliers de kilomètres de là à Abou Dhabi, mais Emma, la vétérinaire anglaise préférée de Méridien. Emma aime beaucoup Méridien et quand elle apprend qu'il ne va pas bien, elle se rend sur place aussi vite que ses capacités physiques lui permettent, même plus vite.

Quand Emma arrive à l'écurie, Charlie fait marcher Méridien dehors pour essayer de soulager ses maux de ventre. Il a l'air si triste. Charlie ne l'a jamais vu si triste. Et elle n'a pas envie de le revoir un jour dans cet état.

Emma dit à Charlie : « Il faut emmener Méridien à la clinique équine le plus rapidement possible. »

« Est-ce que ça va aller pour lui ? », demande Charlie inquiète, en caressant l'encolure de Méridien pour le réconforter.

« Il fait une crise de coliques et nous devons nous assurer que son état ne s'aggrave pas, pour éviter tout dommage de ses intestins sur le long terme », répond Emma. « Je vais lui donner quelque chose pour soulager la douleur et la gêne pendant le trajet. Ça devrait l'aider. »

Ce n'était pas aussi bon que le délicieux médicament au goût de datte que le gentil vétérinaire argentin lui a donné à Abou Dhabi, mais ça lui fait du bien. De toute façon, ce n'est pas le moment de manger des dattes.

Toufou et Zoulou aboient sans s'arrêter pendant que Charlie fait monter Méridien dans le camion. Willou tente de calmer les chiens, mais lorsque le camion s'en va, ils s'échappent en courant pour suivre Méridien. Édou l'agriculteur est au bout de la rue et parvient à stopper les deux labradors dans leur course derrière le camion.

Édou l'agriculteur fait un signe de la main à Méridien pour lui souhaiter bonne route vers la clinique équine de Newmarket, et de l'autre, il caresse ses deux chiens fidèles.

« Merci de nous avoir avertis que Méridien n'allait pas bien – quels bons chiens ! Et ne vous inquiétez pas, les vétérinaires vont tout faire pour le soigner », dit Édou l'agriculteur en rassurant Toufou et Zoulou.

Méridien et Charlie ont connu de bien plus longs voyages, mais comme Charlie s'inquiète pour Méridien, le trajet lui semble interminable.

Le camion arrive à la clinique équine. La structure est flambant neuve. Une forte odeur se dégage et Méridien dilate les naseaux. C'est l'odeur du désinfectant, qui rappelle l'hôpital de Heidelberg où Charlie a passé quelques jours lorsque son cœur s'est arrêté de battre. Il y a des rangées de grands box aux murs blanchis et de nombreux bâtiments autour : blocs opératoires, salles de soin, espace consacré à la rééducation et même une piscine pour les chevaux. Le lieu a des airs de palais, comme les palais que Méridien et Charlie ont pu visiter à Abou Dhabi et Oman. Heureusement, la familiarité de l'endroit apporte plus de confort à Méridien, même dans son état.

Méridien est conduit dans le box spécialement préparé pour lui. Il n'a pas bu depuis un bon moment. Et c'est vrai, on peut proposer de l'eau à un cheval, mais on ne peut pas l'obliger à boire. Pour s'assurer qu'il a assez de fluides dans l'organisme, on lui pose une perfusion : une grande poche de potion bienfaisante suspendue au faux plafond du box et accrochée à son encolure par un long câble en spirale.

Même avec cet attirail, Méridien peut toujours marcher librement dans son box tout en laissant agir la poche de fluide qui injecte la potion bienfaisante dans son corps et dans son ventre. Il commence déjà à se sentir mieux, même beaucoup mieux. La douleur s'atténue. Méridien n'a pas eu la visite de la petite fille vêtue d'une cape rose et munie d'une baguette magique argentée, ni du gentil vétérinaire argentin avec son délicieux médicament au goût de datte. La potion bienfaisante de la grande poche suspendue au-dessus de sa tête a peut-être aussi des pouvoirs magiques ?

Les vétérinaires de la clinique et tout le personnel de soin qui s'occupent de Méridien sont d'une gentillesse incroyable. Tout le monde surveille son état et s'assure qu'il va bien et qu'il n'a pas mal. On le panse et le câline. Méridien est un bon patient – un patient très patient – et il adore toute l'attention qu'il suscite.

Petit à petit, il parvient de nouveau à manger– une poignée de foin quelques fois par jour. Son appétit n'est pas encore redevenu comme avant, mais c'est assez pour le moment. Il ne va pas puiser dans le stock de sa confiserie mobile avant un certain temps.

Il commence à sortir pour quelques promenades, et va un peu plus loin chaque jour. Il a déjà repris des forces.

Sept jours après l'arrivée de Méridien à la clinique, Emma annonce avec un grand sourire qu'il peut rentrer à la maison.

« Il pourra manger à nouveau des dattes très bientôt ! », plaisante-t-elle.

« Quel soulagement ! Merci infiniment Emma », répond Charlie.

Le pauvre Méridien a eu une semaine éprouvante, mais il est en voie de guérison.

De retour à la Ferme des deux Bosses, Charlie s'assoit par terre dans un coin du box de Méridien et le regarde somnoler.

« Tu ne peux pas savoir combien je me suis fait du souci. À partir de maintenant, je t'ai à l'œil 24 h/24 ! » annonce Charlie à son globe-trotteur préféré à quatre pattes.

Méridien pousse l'épaule de Charlie qui lui fait un gros câlin.

Tout est bien qui finit bien.

Grâce à Toufou et Zoulou qui ont remarqué que Méridien n'allait pas bien, à l'intervention rapide de Charlie et Emma pour l'emmener à la clinique et aux vétérinaires de la clinique qui ont fait de la magie, Méridien va s'en remettre.

Noces et invités surprise

Angleterre

De retour à la Ferme des deux Bosses, Méridien reprend du poil de la bête : il mange du foin et réclame des dattes. Son séjour à la clinique, et celui de Charlie appartiennent depuis longtemps au passé.

Le camion est de retour, le moteur ronronne, tout est prêt pour le prochain voyage. Méridien est sur son trente-et-un. Sa queue est joliment nattée avec des rubans blancs.

C'est d'ailleurs la première fois que sa queue est décorée de rubans.

Où va-t-il maintenant ?

Le voici sur la rampe du camion. Pas de camarade de voyage pour cette fois-ci. Et son ÉNORME malle verte reste à l'écurie. Cela veut dire qu'il ne va pas très loin.

Après un court trajet, la rampe s'ouvre. Le camion est garé juste devant un pub. Ce n'est pas le pub que connaît Méridien, celui de Tom, le gentil propriétaire. C'est le pub des parents de Judy, situé près du pré où Sérénade passe ses journées. Il se situe au pied de la colline, près d'un chemin cailouteux qui mène aux bois. C'est une belle journée d'été en Angleterre et des gens sont regroupés autour de tables à pique-nique installées sur la pelouse devant ; on les entend rire et discuter.

Un *clipeti-clop* provient de la route. Méridien reconnaît le rythme des sabots. C'est Sérénade, la jolie jument couleur noisette avec la liste – le poney de Judy. Elle aussi est très élégante, avec des nattes et des rubans blancs. Est-elle tirée à quatre épingles juste pour aller au pub ?

Toute contente, Charlie appelle Willou qui est en train de monter Sérénade. Judy est bien occupée – elle se marie cet après-midi ! Charlie et Willou ont prévu une surprise pour le mariage de Judy et Willou s'est arrangé en secret pour amener Sérénade. Sur le dos de Méridien et Sérénade, Charlie et Willou doivent aller à la rencontre de Judy devant le chapiteau, pendant le vin d'honneur. Ils ont hâte de voir le sourire de Judy quand elle aura ses compagnons à quatre pattes à ses côtés en ce jour spécial.

Comme ils ont un peu de temps avant le vin d'honneur, Charlie et Willou décident d'aller faire une courte balade dans les bois en empruntant le chemin caillouteux. Ils se mettent en route, laissant le pub derrière eux. Les personnes assises autour des tables de pique-nique font une pause dans leurs conversations pour regarder la cavalière et le cavalier chic sur le dos de leurs chevaux tout aussi chic.

Méridien sait qu'il doit ralentir au pas avant le virage un peu serré du chemin. Sérénade sait aussi qu'elle doit ralentir, mais fidèle à son caractère filou et coquin, elle continue au trot rapide. Trop rapide !

Willou, qui n'a pas l'habitude de monter des poneys polissons, parvient à s'accrocher – mais tout juste. Puis Sérénade décide qu'il est temps pour elle de s'amuser un peu. Dès qu'elle passe le virage, elle s'emballe. Elle part sur la colline au galop, en faisant une petite ruade d'excitation pour la route.

Willou s'accroche pendant le virage, mais cette ruade surprise est celle de trop. Il tombe sur le côté et atterrit dans le fossé plein de poussière.

Willou se relève tout de suite et appelle Sérénade en criant.

Méridien arrive au coin du chemin en marchant calmement. Perdu dans ses pensées et admirant la vue, Méridien n'a pas remarqué que Sérénade a fait des siennes et disparu au loin en laissant derrière elle un nuage de poussière.

Charlie aperçoit Willou à terre. Il va bien, mais il est un peu perturbé par la disparition de Sérénade qui est partie dans la colline au galop. Pas le choix : Méridien et Charlie doivent partir à sa rescousse. Méridien n'est pas un cheval de course. Charlie le sait depuis leur course à l'hippodrome de Mascate, mais il peut rapidement couvrir une grande distance avec ses longues jambes, bien plus vite que Sérénade et ses petites jambes de poney. Concentrés sur leur mission, Méridien et Charlie partent vers la colline au galop pour trouver le poney polisson.

Sérénade se cache derrière une haie en haut de la colline. La porte d'un paddock verdoyant est ouverte. Elle grignote à cet endroit, entourée de moutons bruyants, avec l'air particulièrement détendu. Elle hennit en direction de Méridien. Voilà comment elle révèle sa cachette !

Sérénade ne se rend pas compte qu'elle n'a pas été sage. C'est simplement son tempérament – c'est une petite canaille. Charlie prend ses rênes, et la voilà qui marche tranquillement au côté de Méridien, le long du chemin caillouteux qui redescend vers le pub.

Willou est essoufflé en arrivant en haut de la colline. Son pantalon d'équitation blanc chic est maintenant sale. Il a pris une couleur marron et gris poussière. Il est en colère et agite son bras en l'air en pointant du doigt sa montre.

« On va être en retard ! », crie-t-il en direction de Charlie.

« Vite Willou, remonte en selle », dit Charlie en lui tendant les rênes de Sérénade. « On doit rentrer rapidement pour que tu te changes ! », ajoute Charlie en voyant que Willou n'a pas la tenue adaptée pour aller à un mariage.

Charlie passe un coup de téléphone et un nouveau pantalon attend Willou en bas de la colline. Il se change rapidement dans le camion. Charlie donne un coup de brosse à Méridien et Sérénade. Tout le monde est de nouveau présentable et chic. Parés de rubans blancs, les chevaux empruntent une route secondaire près du pub où a lieu la réception.

Ils sont en retard. Tous les invités sont déjà entrés dans le chapiteau, mais pas question de repartir parce qu'ils ont manqué l'arrivée de Judy à la fête. Ils sont là pour Judy, pour lui faire une surprise en cette journée mémorable. La surprise serait totale s'ils entraient dans le chapiteau à cheval. Hé bien c'est précisément ce qu'ils font ! Rubans blancs au vent, Charlie et Willou pénètrent dans le chapiteau sur le dos de Méridien et Sérénade, et font résonner le *clipeti-clop* des sabots sur la piste de danse en bois !

Le visage de Judy s'illumine en les voyant. Elle

vient vers eux en courant.

Elle est si contente de voir son poney favori et Méridien, présents le jour de son mariage avec Tom, le charmant propriétaire du pub situé près de la Ferme des deux Bosses. Le charmant Tom, qui pendant des mois, a préparé le gâteau préféré de Judy pour lui offrir lors de ses visites au pub avec Sérénade, Charlie, Méridien, Willou et Casse-cou. Tom a fini par demander la main de Judy en cachant une bague de fiançailles dans l'un de ses gâteaux !

Tom disparaît du chapiteau dès qu'il voit les chevaux et réapparait quelques minutes plus tard avec un grand seau rouge rempli d'eau et un grand sac de carottes orange vif. Méridien hennit pour montrer à Tom qu'il est content de le voir – et de recevoir des carottes. Sérénade se met à gratter le sol de la piste de danse avec son sabot avant gauche. Willou devient tout rouge de honte.

« Arrête ! Promis, si tu es sage, tu auras des carottes ! », dit Willou à la ponette malicieuse.

Méridien plonge ses naseaux dans l'eau du seau en éclaboussant, ce qui fait beaucoup rire l'assemblée, car il crée une petite flaque d'eau sur la piste de danse. Il ne boit pas l'eau, mais il se rafraîchit de la chaleur du chapiteau bondé.

Une fois que Sérénade s'est calmée, Tom offre

des carottes aux deux équidés. La photographe de l'événement s'active tout autour de cette jolie scène pour que les mariés puissent immortaliser ce moment magique de leur mariage.

Il y a foule sous le chapiteau, surtout avec Méridien et Sérénade qui se sont joints à la fête. Charlie et Willou font leur au revoir et souhaitent à Judy et Tom une merveilleuse journée.

La malicieuse Sérénade ne peut pas partir sans faire de vagues. Un son de trompette retentit. Non, ce n'est pas un orchestre d'oumpapa cette fois-ci. Oups ! Sérénade ne peut pas se retenir. Elle lâche un paquet fumant de couleur brun verdâtre en plein milieu de la piste de danse. Willou redevient tout rouge. Tout le monde éclate de rire. Il est vraiment

temps pour eux de partir !

L'apparition de Méridien et Sérénade au vin d'honneur aura fait du mariage de Judy et Tom une journée inoubliable !

Des friandises royales

Angleterre

Méridien n'a pas de sang royal, mais pendant ses voyages, il est devenu ami avec les chevaux du Vieux Palais d'Abou Dhabi, il a vu le sultan et la sultane d'Oman, rencontré le Roi d'Orange et les proches de la famille royale aux Pays-Bas et il connaît désormais Casse-cou, qui a passé de nombreuses années au service de la Reine.

Un jour, Willou, le fils d'Édou l'agriculteur, se tourne vers Charlie pendant qu'ils pansent les chevaux.

« Est-ce que toi et Méridien, vous aimeriez visiter le palais de Buckingham ? », lui demande-t-il ?

Charlie est tellement excitée qu'elle saute de joie.

« Waouh, ce serait extra ! », répond-elle.

Méridien et Charlie ne refusent jamais une nouvelle aventure.

« La Reine a invité Casse-cou à une garden party », explique Willou. « Il a le droit d'amener un ami. Comme Méridien et Casse-cou s'entendent si bien – et qu'on peut faire confiance à Méridien pour bien se tenir – j'ai pensé que ce serait sympa. »

« Méridien se tiendra à carreau », promet Charlie.

Willou et Casse-cou ont rencontré la Reine de nombreuses fois. Méridien et Charlie ne l'ont jamais rencontrée. Cette perspective est formidable. La visite est-elle prévue pour le dîner ? Quelle tenue va choisir Charlie ? Que va-t-elle dire à la Reine ? Devra-t-elle faire la révérence ?

Le matin du grand jour, les deux chevaux sont pansés et nattés. Charlie peut presque voir son reflet dans leurs robes tellement elles brillent. Les bottes sont cirées. Les selles sont lustrées. Les chevaux montent la rampe. Les voici en route pour voir Sa majesté la Reine.

Depuis la fenêtre latérale du camion, Méridien aperçoit les monuments suivants : Big Ben, les chambres du Parlement, Trafalgar Square et tous ses pigeons, Piccadilly Circus et ses néons, les jolis ponts au-dessus de la Tamise, et  beaucoup de gens. De nombreuses personnes pressées, qui discutent et qui rient. Il y a du monde partout.

Le camion s'engage dans The Mall, la rue qui

mène jusqu'au palais de Buckingham. Et la foule devient plus dense. Tout le monde est positionné de chaque côté de la rue et brandit des drapeaux – l'Union Jack, le drapeau du Royaume-Uni. Tous attendent d'avoir la chance d'apercevoir la Reine. On vient du monde entier pour espérer apercevoir Sa Majesté la Reine. Méridien et Charlie vont la rencontrer pour de vrai.

Ils descendent du camion dans l'enceinte du palais de Buckingham où l'activité est palpable. Casse-cou, le joli poney palomino et Méridien, sont impatients. Et Charlie aussi.

« Je connais un chemin top secret pour sortir du palais de Buckingham et aller jusqu'à Hyde Park », dit Willou à Charlie. « Faufilons-nous par ici pour permettre aux chevaux de se dégourdir les jambes après le voyage. »

Casse-cou et Méridien trottinent gaiement dans les jardins du palais de Buckingham et trouvent le passage secret qui conduit à une rue passante. Il y a beaucoup de bruit ! Méridien est habitué aux routes de campagne anglaises paisibles. Ici, ce n'est pas la même chose. C'est le chaos. Il y a des voitures, des camions et des grands bus rouges partout. Casse-cou est déjà venu ici plusieurs fois et aide Méridien à appréhender la circulation londonienne en toute sécurité.

Ils réussissent à traverser la route pour aller dans Hyde Park, et empruntent un chemin de sable appelé Rotten Row, une voie spéciale pour les chevaux de la Reine. Le parc est plein. Les enfants jouent, les chiens aboient. Il y a des gens qui font leur jogging ou du vélo et beaucoup de touristes. Les gens s'arrêtent pour prendre des photos du joli poney palomino et du grand alezan à la robe scintillante, Casse-cou et Méridien.

« Souriez pour la photo. Dites "Ouistiti" », dit Willou en plaisantant. « On va faire la une des réseaux sociaux du monde entier d'ici à la fin de la journée – on va être célèbre ! »

Charlie et Willou rigolent en partant au trot pour laisser les chevaux se défouler un peu avant de rencontrer la Reine.

*

C'est l'heure de la garden party.

Les festivités ont commencé. Toutes les personnes invitées portent un chapeau. Il y a d'autres chevaux présents, dont deux que Casse-cou a déjà rencontrés quand il vivait à Windsor, là où la Reine a son célèbre château.

Puis un grand bruit retentit soudain. Ça ressemble au groupe d'oumpapa d'Autriche, mais le son ne vient que des trompettes. Les trompettes annoncent l'arrivée de la Reine.

Tout le monde retient son souffle pour l'arrivée de la Reine, les chevaux se figent. Tous, sauf deux grands chevaux de course bais qui piétinent sur place et piaffent d'impatience, nerveux à cause du

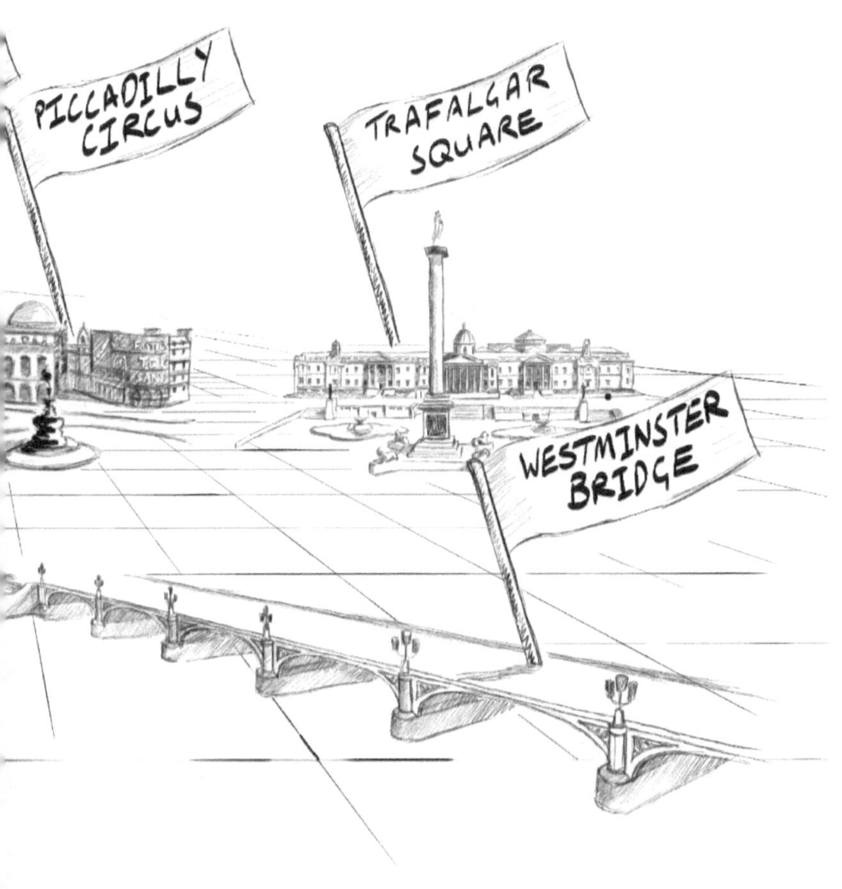

son des trompettes. Méridien hennit en leur direction. C'est Domino et Dynamite, les chevaux avec qui il a partagé deux vols long-courrier ! Domino et Dynamite arrêtent de gigoter et de piaffer dès qu'ils entendent Méridien qui les appelle. Ils hennissent en retour. Ils ont rejoint l'écurie de course royale. Le monde est vraiment petit !

La Reine se dirige directement vers les chevaux. Elle ira à la rencontre des gens plus tard. Le Roi d'Orange, vêtu de sa cravate orange vif, est venu des Pays-Bas spécialement pour la garden party. Il accompagne la Reine. À chaque fois qu'elle arrive à la hauteur d'un nouveau cheval, elle met la main dans un sac. Ce sac est rempli de carottes parfaitement épluchées.

Lorsqu'elle arrive devant Méridien, prête à lui offrir une carotte parfaitement épluchée, le Roi d'Orange se tourne vers la Reine.

« Je connais ce cheval, votre Majesté ! », dit-il à la Reine. « C'est le cheval français qui est venu aux festivités du Jour du Roi pour mon anniversaire. Il aime les dattes d'Abou Dhabi ! »

Charlie et Willou se mettent à rire. Quelle surprise de voir que le Roi d'Orange se souvient de Méridien et de sa passion pour les dattes.

Méridien reçoit sa carotte parfaitement

épluchée de la Reine (on ne lui avait encore jamais épluché ses carottes – quelle gourmandise royale !). Casse-cou reçoit deux carottes parfaitement épluchées, car il est l'un des chouchous de la Reine.

Une fois leurs carottes parfaitement épluchées terminées, tous les chevaux font la parade autour du jardin de Buckingham pour se faire admirer par les membres du public qui sirotent une coupe de champagne. Casse-cou et Méridien rejoignent Domino et Dynamite pour le défilé.

Puis l'heure est venue de rentrer à la maison et de quitter la garden party royale. L'heure pour Méridien de dire au revoir à ses compagnons de voyage Domino et Dynamite, en hennissant, et de se séparer jusqu'à leur prochaine rencontre.

En remontant dans le camion, ils voient un grand paquet sur la rampe. Il est emballé de rouge, blanc et bleu – un Union Jack. Willou part mener l'enquête.

Il se tourne vers Charlie en riant.

« Tu ne vas pas y croire ! C'est une grande boîte de dattes ! Un cadeau pour Méridien de la part de la Reine ! »

Les naseaux de Méridien frémissent. Il a déjà senti l'odeur des dattes et hennit en hochant la tête.

Épilogue

Méridien, le poulain un peu gauche à la grande liste
et aux trois chaussettes blanches, né dans les prés
verdoyants de la Vallée de la Loire, a vécu bien des
aventures jusqu'à présent.
Il en a vu des châteaux et des palais.
Il en a visité des pays et des continents.
Il s'en est fait des amis en cours de route.
Voici les friandises collectées dans sa confiserie
mobile : bonbons à la menthe, dattes, abricots,
grenades, pommes, poires, cerises, carottes,
oranges et épis de maïs – mais pas de banane !
Des voyages en camion, en bateau et en avion.
Méridien est un cheval voyageur, un globe-trotteur.
Charlie a trouvé en Méridien le meilleur
compagnon de voyage et elle sait qu'ils ont
beaucoup de chance d'avoir découvert tant de pays
ensemble.
Elle sait aussi qu'il reste encore tellement d'autres
endroits à découvrir !

Globe-trotteur d'un jour, globe-trotteur toujours...

Dictionnaire de voyage

Yallah ! En avant —maintenant, tu peux te rendre dans tous les pays que Méridien le globe-trotteur a visité pendant ses aventures et les saluer dans leur langue :

Ahlan : bienvenue en arabe.

As-salamu alaykum : façon polie de saluer en arabe, signifie « Que la paix soit sur vous ».

Hello : « bonjour » ou « salut » en anglais.

Grüß Gott : (prononcé Gruss Gott) salutation typique en Autriche.

Guten Tag : « bonjour » en allemand.

Hoi : « salut » en néerlandais.

Et tu peux dire : **Yallah !** : « En avant ! » ou « On y va ! » en arabe.

Petit lexique équestre

Voici quelques termes équestres que tu as rencontrés au fil des voyages de Méridien :

Alezan : couleur de Méridien et Sérénade. La couleur dépend de la lumière et de l'épaisseur de la robe ; elle varie de l'orange vif au roux à des bruns plus ou moins foncés.

Arabe : un cheval arabe est une race de cheval originaire du Moyen-Orient. Ces chevaux sont réputés pour leur énergie et leur endurance. Au tempérament très fougueux et vif, ils ont un front large et plat et un port élégant.

Bai : couleur de Domino, Dynamite et Ticket. La couleur varie du marron clair au marron chocolat, mais la crinière et la queue sont toujours noires.

Box : chambre d'un cheval.

Chaussettes : en réalité, un cheval ne porte pas de chaussettes ! Les chaussettes désignent les marques présentes sur les jambes d'un cheval, et qui font à peu près la hauteur de chaussettes de sport hautes.

Dressage : ballet pour les chevaux !

Filet : ensemble de plusieurs sangles qui compose le harnais que l'on place sur la tête d'un cheval pour pouvoir le diriger et contrôler sa vitesse lorsqu'on le monte.

Hennissement : petit son émis par un cheval.

Liste : marque verticale blanche située au milieu de la tête d'un cheval.

Palomino : couleur de Casse-cou. Cette couleur varie du beige au doré, et la crinière et la queue sont blanches ou beiges.

Petit galop : une des quatre allures ou vitesses d'un cheval. Le petit galop est la troisième vitesse après le pas et le trot, mais il est plus lent que le galop. Son rythme à trois temps en fait une cadence très confortable pour les cavaliers (contrairement au trot !).

Robe : la robe d'un cheval n'est pas un vêtement ! C'est le pelage naturel des chevaux. Pendant les mois les plus froids de l'année, la robe devient plus longue et plus épaisse pour garder le cheval au chaud. Elle se dégarnit naturellement au changement des saisons, pour que le cheval reste au frais pendant les mois les plus chauds.

Sabot : pied d'un cheval.

Selle : siège que l'on met sur le dos d'un cheval pour s'y asseoir lorsqu'on le monte.

Toupet : équivalent d'une frange pour les chevaux.

Trot : une des quatre allures ou vitesses d'un cheval. Le trot est la deuxième vitesse après le pas. Avec son rythme à deux temps, il fait beaucoup rebondir !

Carnet de voyage - Questions

Quels souvenirs as-tu de tes voyages avec
Méridien ?

1) Quelle est la friandise préférée de Méridien ?

2) Dans quel pays Méridien a-t-il assisté à un
mariage ?

3) De quelle couleur est l'ÉNORME malle de
Méridien ?

4) Comment s'appelle le cheval de Willou ?

5) Comment s'appellent les médecins de Charlie à
l'hôpital de Heidelberg ?

6) Combien de pays as-tu visité avec Méridien dans
ce livre ? Peux-tu citer leurs noms ?

7) Comment dit-on « Bonjour » en anglais ?

8) Quelle est la capitale des Émirats arabes unis ?

9) Comment dit-on « En avant ! » en arabe ?

10) Comment s'appelle l'ami de Méridien à Heidelberg ?

11) Quelle est la capitale de l'Autriche ?

12) Quelle est la friandise que Méridien n'apprécie pas ?

13) Comment dit-on « Bonjour » ou « Salut » en allemand ?

14) Comment s'appellent les labradors d'Édou l'agriculteur ?

15) Qui continue à écrire des lettres à Méridien encore maintenant ?

16) Combien de chevaux ont voyagé ensemble dans le box volant ? Te souviens-tu de leurs noms ?

17) Comment s'appelle l'avion dans lequel Méridien a voyagé depuis Oman jusqu'au Royaume-Uni ?

18) Quels sont les trois moyens de quitter une île ?

19) Comment s'appelle le journal dans lequel Méridien a sa photo ?

20) Peux-tu citer toutes les friandises que Méridien

a collectées dans sa confiserie mobile ?

Toutes les réponses aux questions posées ci-dessus se trouvent dans les différents chapitres de ce livre ! Mais elles ont aussi été ajoutées sur la page suivante.

*

QUESTION BONUS : Que mettrais-tu dans ta propre confiserie mobile ?

Carnet de voyage - Réponses

1. Les dattes
2. En Angleterre
3. Verte
4. Casse-cou
5. Docteur Battement et docteur Cœur
6. Huit : la France, le Qatar, les Émirats arabes unis, le Sultanat d'Oman, l'Angleterre, les Pays-Bas, l'Autriche et l'Allemagne
7. Hello
8. Abou Dhabi
9. Yallah !
10. Ticket
11. Vienne
12. Les bananes
13. Guten Tag
14. Toufou et Zoulou
15. Sophie
16. Trois : Méridien, Domino et Dynamite
17. The Ark (L'Arche)
18. L'avion, la nage ou le bateau
19. L'Oasis Times
20. Bonbons à la menthe, dattes, abricots,

grenades, pommes, poires, cerises, épis de
maïs, carottes et oranges

À propos de l'autrice

Claire est avocate et a toujours été passionnée par tout ce qu'elle entreprend. Enfant, elle adorait les chevaux et les voyages. Pour ses dix ans, sa fête d'anniversaire avait pour thème le voyage autour du monde. Ses parents ont reconstitué la cabine d'un avion dans leur maison et ont fait voyagé Claire et ses camarades dans tous les continents du globe, avec des escales pour visiter les monuments de plusieurs pays différents. Cette expérience a été incroyable et ses camarades s'en souviennent encore aujourd'hui. Cela a beaucoup marqué Claire et a fait naître son envie de découvrir le monde.

Elle a commencé à monter à cheval très jeune et les chevaux ont toujours fait partie de sa vie. Depuis ses huit ans, elle aime passer des heures à l'écurie pour nettoyer les box et aider pendant les leçons, pour le plaisir de passer du temps avec les chevaux et avoir une chance de monter dessus.

Au fil de sa carrière d'avocate, elle a eu la chance de pouvoir associer les chevaux et le voyage.

Claire a toujours souhaité partager ses aventures de globe-trotteur avec l'espoir de susciter l'inspiration, notamment auprès des enfants qui ont envie d'explorer le monde, de visiter des monuments, de découvrir différentes cultures et de faire leur propre tour du monde – avec ou sans cheval !

Et voilà comment le livre **Globe-trotteur — Méridien, le cheval voyageur** a atterri entre tes mains.

À propos de l'illustrateur

Antony est illustrateur (ça va de soi !), auteur et artiste. Il habite avec sa femme dans un petit village du nord du Yorkshire, où il aime dessiner, peindre des paysages et des portraits et écrire des histoires. Même s'il est entouré de magnifiques chevaux qui broutent paisiblement dans les prés environnants, il n'est presque jamais monté à cheval, mais ça lui plairait beaucoup, en partie parce qu'il rêve secrètement d'être un cow-boy ! Donc quand Claire l'a contacté pour lui demander d'illustrer son livre, il était ravi !

Pour en savoir plus sur Antony, rendez-vous sur son site Internet : www.antonywootten.co.uk.

À propos de la traductrice

Passionnée de langues et de voyages depuis toujours, **Violaine** est traductrice freelance diplômée. Elle a habité à Heidelberg, en Angleterre et a visité sa famille au Qatar et a suivi sans le savoir les traces de Méridien !

C'est donc le destin qui lui a fait croiser la route de Claire. Le projet de traduction des aventures de Méridien l'a tout de suite enchantée.

Après avoir lu les aventures de Méridien pendant ses vacances d'été, elle s'est plongée dans la traduction du livre, avec la complicité de ses trois enfants Elsa, Aston et Lewis qui ont été aux premières loges.

Elle vit maintenant près de Fontainebleau et aime se promener jusqu'à la ferme du village qui est aussi une pension pour chevaux.

Plus d'infos sur

https://www.linkedin.com/in/violainekangou/.

Remerciements

Selon le proverbe africain, il faut tout un village... L'écriture de ce livre a fait appel à des personnes de plusieurs villages et villes du monde entier et je leur en suis extrêmement reconnaissante.

C'est bien Méridien la vedette. C'est un cheval exceptionnel et un super compagnon de voyage.

Sans mes parents formidables, Alexandra et Dennis, je n'aurais jamais eu l'occasion de rencontrer Méridien et de voyager dans tous ces superbes endroits. Ils m'ont également apporté tout leur soutien dans mon projet d'écriture de ce livre.

Spéciale dédicace à mon équipe d'édition composée d'Isa en Allemagne, d'Alida en Australie et de Sandy et Stu en Angleterre, pour leur soutien sans faille. Je les remercie du fond du cœur pour toutes leurs bonnes idées et leur infinie patience.

Un grand merci à Violaine pour la traduction en français, ainsi qu'à Florence pour la révision de la version française.

L'avocate en moi a aussi besoin d'une équipe juridique, donc un grand merci à James, Joanna et aux autres personnes du secteur pour avoir répondu à toutes mes questions.

Je remercie vivement Shah pour son aide concernant les références culturelles liées au Moyen-

Orient et May pour la fabuleuse traduction de l'Oasis Times.

J'aimerais aussi remercier plusieurs enfants qui ont accepté d'écouter mon histoire pendant que je l'écrivais et pendant la traduction : Charlie, Carrie, Maddie, Sophia, Leon, Henry, Niesha, Jess, Amelia, Lila, Emily, Joseph, Ellie, Tess, Lucy, Valentin, Jules, Simon et Sao.

J'ai noué de nombreuses amitiés au cours de ce voyage autour du monde et ce parcours d'écriture ; certaines personnes ont été une source d'inspiration et d'autres ont fait preuve d'une grande patience à mon égard pendant que le livre prenait forme. Un énorme merci à vous.

Merci

Shukran

Dank je wel

Danke

Thank you

Restons en contact !

Méridien se réjouit toujours de recevoir du courrier de ses fans, par avion ou par e-mail. Tu peux bien sûr aussi écrire à Charlie, car c'est elle qui va lire tes messages à Méridien.

www.meridientravelstheworld.co.uk

www.facebook.com/meridientravelstheworld

www.instagram.com/globetrotter__mttw

GLOBE-TROTTEUR –

Méridien, le cheval voyageur

Claire Wilby

Récit inspiré des voyages d'un vrai cheval. C'est l'histoire d'un cheval voyageur, un globe-trotteur.

Dans cette histoire, le globe-trotteur est un cheval qui trotte (ou galope) autour du monde.

Il t'emmène en voyage et te fait découvrir des pays étrangers à travers ses aventures. Tu vas explorer les lieux qu'il visite et rencontrer les personnes avec qui il crée des liens d'amitié sur son chemin.

Alors monte sur la selle et prépare-toi à une chevauchée autour du monde !

www.ingramcontent.com/pod-product-compliance
Lightning Source LLC
Chambersburg PA
CBHW030930060726
47591CB00005B/1742